Eine Arbeitsgemeinschaft der Verlage

Beltz Verlag Weinheim · Basel
Böhlau Verlag Köln · Weimar · Wien
Verlag Barbara Budrich Opladen · Farmington Hills
facultas.wuv Wien
Wilhelm Fink München
A. Francke Verlag Tübingen und Basel
Haupt Verlag Bern · Stuttgart · Wien
Julius Klinkhardt Verlagsbuchhandlung Bad Heilbrunn
Lucius & Lucius Verlagsgesellschaft Stuttgart
Mohr Siebeck Tübingen
C. F. Müller Verlag Heidelberg
Orell Füssli Verlag Zürich
Verlag Recht und Wirtschaft Frankfurt am Main
Ernst Reinhardt Verlag München · Basel
Ferdinand Schöningh Paderborn · München · Wien · Zürich
Eugen Ulmer Verlag Stuttgart
UVK Verlagsgesellschaft Konstanz
Vandenhoeck & Ruprecht Göttingen
vdf Hochschulverlag AG an der ETH Zürich

Elke Donalies

Basiswissen
Deutsche Wortbildung

A. Francke Verlag Tübingen und Basel

Elke Donalies ist Wissenschaftliche Mitarbeiterin der Abteilung Grammatik am Institut für Deutsche Sprache, Mannheim.

Für Hans-Peter Steininger, of course!

Bibliografische Information der Deutschen Bibliothek

Die Deutsche Bibliothek verzeichnet diese Publikation in der Deutschen Nationalbibliografie; detaillierte bibliografische Daten sind im Internet über <http://dnb.d-nb.de> abrufbar.

© 2007 · Narr Francke Attempto Verlag GmbH + Co. KG
Dischingerweg 5 · D-72070 Tübingen
ISBN 978-3-7720-8204-7

Internet: http://www.francke.de
E-Mail: info@francke.de

Einbandgestaltung: Atelier Reichert, Stuttgart
Satz: Informationsdesign D. Fratzke, Kirchentellinsfurt
Druck und Bindung: Ebner & Spiegel, Ulm
Printed in Germany

ISBN 978-3-8252-2876-7

Inhalt

1_ Vorwort)

Heut mach ich mir kein Abendbrot,
heut mach ich mir Gedanken.
Wolfgang Neuss

Über Sprache nachzudenken, über meine eigene, über Sprache überhaupt, ist eine meiner liebsten Lieblingsbeschäftigungen. Und natürlich teile ich meine liebsten Lieblingsbeschäftigungen gerne mit andern. Ich teile sie andern gerne mit. Deshalb dieses Buch. Es soll vor allem anregen, über Sprache nachzudenken. Es soll zeigen, was wir an unserer Sprache haben und was wir mit ihr anfangen können.

Ich danke den versierten Mitarbeitern des Francke Verlags, besonders meiner sehr aufmerksamen und engagierten Lektorin Angelika Pfaller. Und natürlich danke ich allen, die mich begeistert, beflügelt und behütet haben.

Mannheim, Oktober 2006

2_ Was Wortbildung ist)

*Eine Sprache ist ein äußerst komplexes Instrument
zur Lösung äußerst komplexer Probleme.*
(Keller 1995: 180)

Sprache ist wirklich wunderbar: „Dank der Sprache können wir uns über alle nur erdenklichen Themen miteinander verständigen – über Liebe und Hass ebenso wie über Computerviren oder die neueste Handy-Technik, über Lust und Leid ebenso wie über den Weltfrieden, den Urknall oder die Entstehung unseres Sonnensystems. Und sollte es in irgendeiner Sprache noch kein Wort für einen dieser Begriffe geben, kann es bei Bedarf jederzeit problemlos erfunden werden, denn die menschliche Sprache ist fast unbegrenzt produktiv und kreativ. Doch sie leistet noch mehr: Die Sprache schärft, systematisiert und strukturiert unser Denken, sie hilft uns, die vielfältigen Erscheinungen der Welt, in der wir leben, sinnvoll zu gliedern und zu ordnen, indem wir uns von den einzelnen Dingen ‚einen Begriff machen'" (Kuckenburg 2004: 40). Einen Begriff machen wir uns, indem wir ihn versprachlichen. „Denn da er an sich unanschaulich ist, bedarf er eines anschaulichen Vertreters" (Frege 1986: 92). Anschauliche Vertreter sind zum Beispiel Wortbildungsprodukte wie *Apfeltorte*.

Bildung von Begriffen

> Wortbildung ist ein Verfahren zur Versprachlichung von Begriffen.

Was unterscheidet die Wortbildung von anderen Verfahren, mit denen Begriffe versprachlicht werden? Schauen wir uns dazu das prototypische Wortbildungsprodukt *Apfeltorte* an:

- Erstens ist *Apfeltorte* ein Wort.

Bei der Wortbildung werden Wörter gebildet. Dass bei der Wortbildung Wörter gebildet werden, unterscheidet sie von einem konkurrierenden Verfahren, bei dem zur Versprachlichung von Begriffen

Wortbildung versus Phrasembildung

nicht Wörter, sondern Phrasen gebildet werden, genauer: Phraseme, das heißt feste Wendungen, feste Wortgruppen wie *offenes Geheimnis, Schwarzes Brett, rotes Tuch, das Höchste der Gefühle, die Höhle des Löwen, dumm wie Bohnenstroh.* Ein Phrasem versprachlicht nämlich einen Begriff, genauso wie ein Wort einen Begriff versprachlicht.

Phrasem- und Wortbildung konkurrieren innersprachlich: *Schwert des Damokles* und *Damoklesschwert.* Vor allem konkurrieren sie aber intersprachlich: So sind in anderen Sprachen systematisch Phraseme wie engl. *Pyrrhic victory,* ital. *vittoria di Pirro* etabliert, wo im Deutschen Wortbildungsprodukte wie *Pyrrhussieg* bevorzugt werden. Vgl. Wimmer/Berens 1997, Donalies 2006b.

- **Zweitens ist *Apfeltorte* innerhalb des Deutschen gebildet.**

Wortbildung versus Entlehnung

Dass Wortbildung innerhalb einer Sprache stattfindet, dass bei der Wortbildung nur innersprachliches Material verwendet wird, unterscheidet sie von der Entlehnung, bei der Wörter aus einer anderen Sprache übernommen werden: So sind *Chanson* und *Akteur* aus dem Französischen ins Deutsche übernommen.

Entlehnung und Wortbildung sind miteinander verzahnt, indem zum einen fremdsprachige Wortbildungsprodukte entlehnt werden: frz. *acteur* ins Deutsche, und zum anderen entlehntes Sprachmaterial zur Wortbildung herangezogen wird. Wortbildung mit entlehntem Material wird als Lehnwortbildung von der Wortbildung mit einheimischem Material abgegrenzt. Vgl. Kirkness 1987, Munske/Kirkness 1996, Šimečková 2000, Eisenberg 2001. Diese Abgrenzung verspricht dort Erkenntnisgewinn, wo Lehnwortbildung eigenen Regeln folgt: bei den lehnwortbildungstypischen Konfixen. Mitunter verführt sie aber auch zu geschmäcklerischen Urteilen. So wetterte der berühmte Lexikograf Campe 1803, nach Müller 2000: 114, gegen sogenannte Hybridbildungen wie *akatholisch* oder *Exjesuit.* Solche „Wortungeheuer, bei welchen Kopf, Rumpf und Schwanz aus zwei oder drei verschiedenen Sprachen – dem Griechischen, Lateinischen und Deutschen – zusammengesetzt sind", fand er „am allerunausstehlichsten und verwerflichsten".

- **Drittens besteht *Apfeltorte* aus den sinnhaltigen Einheiten *Apfel* und *Torte.***

Wortbildung versus Urschöpfung

Dass bei der Wortbildung Wörter aus sinnhaltigem Sprachmaterial gebildet werden, unterscheidet sie von der Urschöpfung, bei der Wörter aus Lauten gebildet werden, die vorher so noch nicht sinnvoll zusammengesetzt waren.

Natürlich muss in jeder Sprache, die entsteht, erst mal ein Grundschatz an Wörtern urgeschöpft werden, mit dem dann weitergearbeitet werden kann. Danach ist Urschöpfung ein eher unpraktisches Verfahren. Im Deutschen werden heute aber mitunter noch Onomatopoetika, das heißt Lautmalereien, urgeschöpft. Besonders Verben werden lautgemalt. Eine lange Liste mit Verben wie *bimmeln, blubbern, dudeln, holpern, klirren, schlottern, wabbeln, wimmeln* liefert Paul 1975: 177f. Häufig finden sich onomatopoetische Verben in der Belletristik: *Die Fliegen sssssten* (Özdamar 1994: 73); *Die Bienen schmeckten köstlich, so ähnlich wie gebrannte Mandeln. Ich knolfte anerkennend mit den Zähnen* (Moers 2002: 72); *Die Matratze globberte. Das ist das Geräusch, das eine lebende, im Sumpf wohnende Matratze macht, die von einem Bericht persönlichen Unglücks tief bewegt ist* (Adams nach Aitchison 1997: 15). Neue substantivische Urschöpfungsprodukte dagegen sind ausgesprochen rar. Meist sind es ebenfalls Onomatopoetika. So wird ein Sperlingsvogel nach seinem süß gezwitscherten *zilp-zalp-zelp-zilp-zalp* onomatopoetisch zart *Zilpzalp* gerufen. Urgeschöpft werden auch „Handels- oder Produktbezeichnungen wie *Kodak* und *Teflon*" (Aitchison 1997: 206). Der Urschöpfung steht im Weg, dass „sie sich stets nach dem bestehenden Lautmuster der Sprache richtet, das nur eine begrenzte Zahl an Kombinationen zulässt. So könnte man ein neues Reinigungsmittel namens *Woft* oder *Drillo* oder *Frud* erfinden, aber bestimmt keines mit dem Namen **Skfog* oder **Bdift* oder **Wozrfeh*" (ebd.). Darüber hinaus gibt es kommunikative Beschränkungen: Schallnachahmungen wie *holpern* oder *Zilpzalp* wirken zwar auf uns, als ob sie leicht nachassoziierbar und insofern einprägsam wären, aber der Sprachvergleich zeigt, dass es deutliche Wahrnehmungs- und Wiedergabeunterschiede geben kann: Deutsche Hähne etwa krähen *kikeriki*, englische *cock-a-doodle-doo*, französische *cocorico*, russische *kukareku* und armenische *tsughrughu*.

Neue Urschöpfungen haben also wenig Aussicht auf Etablierung im Wortschatz; so auch Christian Morgensterns urgeschöpfte Wörter im *Gruselett* (Morgenstern 1981: 271):

> *Der Flügelflagel gaustert*
> *durchs Wiruwaruholz,*
> *die rote Fingur plaustert*
> *und grausig gutzt der Golz.*

▪ **Viertens ist *Apfeltorte* ein Wort, das gebildet wurde.**

Wortbildung
versus
Bedeutungs-
veränderung

Dass bei der Wortbildung Wörter gebildet werden, unterscheidet sie von der Bedeutungsveränderung, bei der Wörter nicht gebildet, nicht eigens aufgebaut, sondern bedeutungsverändert werden. Römer 2006: 197 spricht hier von semantischen Transfers. Die Bedeutung kann erweitert werden wie bei *packen* ‚etwas bündeln‘ zu *packen* ‚anfassen, ergreifen‘; sie kann verengt werden wie bei mhd. *varn* ‚sich fortbewegen, gehen‘ zu *fahren* ‚sich mit einem Fortbewegungsmittel, meist einem mit Rädern, fortbewegen‘; sie kann verschoben werden wie bei mhd. *zwec* ‚Nagel‘ (heute noch in *Reißzwecke*) zu *Zweck* ‚Ziel, Sinn‘ und sie kann übertragen, metonymisiert werden wie bei *Fuchs* ‚schlauer Mensch‘ oder *der Rücken eines Buches* oder *der Ledermantel stand im Tordurchgang und beobachtete die Straße*. Dabei wird die Bedeutung mitunter aufgewertet wie bei *toll* ‚psychisch gestört, verrückt‘ zu *toll* ‚großartig, wunderbar‘ oder abgewertet wie bei *Dirne* ‚Mädchen‘ zu *Dirne* verächtlich für ‚Prostituierte‘.

Wortbildung ist also ein Verfahren zur Versprachlichung von Begriffen, das sich von den anderen Verfahren so abgrenzen lässt:

> Bei der Wortbildung werden Wörter aus innersprachlichem sinnhaltigem Material gebildet.

Wortbildungs-
produkte im Text

Genau ausgezählt hat das wohl noch niemand, aber offenbar ist die Wortbildung das meistgenutzte Verfahren zur Versprachlichung von Begriffen. Wortbildungsprodukte sind jedenfalls in den verschiedensten Textsorten überaus präsent:

Antonio José Bolívar Proaño konnte lesen, aber nicht schreiben. Allenfalls gelang es ihm, seinen Namen hinzukritzeln, wenn er beispielsweise in Wahlzeiten irgendein offizielles Papier unterschreiben sollte, aber da solche Ereignisse nur selten vorkamen, hatte er es fast schon verlernt. Er las langsam, indem er die Silben zusammenfügte, sie leise vor sich hin murmelte, als wolle er sie im Mund zergehen lassen, und wenn er das ganze Wort beherrschte, wiederholte er es in einem Zug. Das Gleiche machte er dann mit dem ganzen Satz und eignete sich auf diese Weise die auf die Seiten gebannten Gefühle und Gedanken an. Wenn ihm eine Passage besonders gut gefiel, wiederholte er sie ein ums andere Mal: so oft, wie er es für nötig hielt, um zu entdecken, wie schön die menschliche Sprache sein konnte.

(Sepúlveda 2000: 28)

Die genetische Auffassung der Bedeutung ist verbunden mit der Gebrauchs-theorie der Bedeutung. Zentraler Slogan der Gebrauchstheorie ist: Die Be-deutung eines Wortes ist sein Gebrauch in der Sprache. Dieser Slogan wehrt bestimmte Auffassungen ab. Er richtet sich gegen die Idee, es gebe eine sprachfreie Welt, die für Bedeutungen bestimmend sei, es gebe ein Reich der Bedeutungen in Unabhängigkeit von den Zeichen, es gebe Bedeutungen als identifizierbare Gegenstände, es gebe Bedeutungen ohne die Sprecher, die Zeichen verwenden.

(Heringer 2004: 37)

Doch ohne ethischen Zuckerguß, ohne den Anschein von Aufrichtigkeit kommt „leadership" im mediendurchsetzten, von Umfragen kanalisierten Politgeschäft kaum noch zustande. Weit stimmentscheidender als Fachkom-petenz ist bei Wählern der Ehrlichkeits- und Sympathiefaktor, der Wertein-druck, den ein Kandidat vermittelt. Daher die immer rascheren „Wellen der Glaubwürdigkeitsdiskussion", die der Augsburger Linguist und Sprach-kritiker Hans Jürgen Heringer 1990 an berüchtigten Fällen analysiert hat (Buchtitel: „Ich gebe Ihnen mein Ehrenwort").

(Spiegel 1994, IDS-Korpora)

Und auch, wenn uns ganz neue Dinge begegnen, wenn wir etwas entdecken, wenn wir etwas erfinden benennen wir es gerne mit Wortbildungsprodukten. Hier ein phantastisches Beispiel:

Nachtigaller hatte über seine Lehrtätigkeit hinaus im damaligen Zamonien einen ehrfurchtsgebietenden Ruf als Wissenschaftler, Entdecker und Erfin-der von Weltrang. Er war der Erfinder des Ameisenmotors, einer Antriebs-maschine, die lediglich auf der Emsigkeit von zamonischen Glüh-Ameisen beruhte. [...] Er hatte den Vulkan-Anzug erfunden. [...] Nachtigaller er-fand auch den Goldstaubsauger, der selbst aus dem wertlosesten Geröll das sich darin befindliche Gold filterte, zusammenpresste und schöne Münzen daraus formte.

(Moers 2002: 136ff)

Wortbildung ist Untersuchungsgegenstand der Wortbildungslehre; die Wortbildungslehre ist Teilgebiet der Morphologie (zu griech. *morphē* ‚Form, Gestalt'). Vgl. Barz 2000. Wortbildung ist ein universales Phä-nomen. Vgl. Booij et al. 2000. Die Möglichkeiten der Wortbildung werden aber in den verschiedenen Sprachen verschieden genutzt. Sie unterscheiden sich in der einzelsprachspezifischen Nutzung der

▶ Wortbildungseinheiten
▶ Wortbildungsarten
▶ Wortbildungsmuster

3_ Woraus Wörter gebildet werden – Wortbildungseinheiten)

Die Wortbildungseinheiten, die Bausteine, aus denen wir im Deutschen Wörter aufbauen, sind

- ▶ Wörter
- ▶ Phrasen
- ▶ Buchstaben
- ▶ Konfixe
- ▶ Wortbildungsaffixe
- ▶ unikale Einheiten
- ▶ Fugenelemente

Zu unterscheiden sind wortbildungs*un*spezifische Einheiten, die auch außerhalb der Wortbildung ihre Rolle spielen, und wortbildungsspezifische Einheiten, die ausschließlich in der Wortbildung auftreten.

3_1 Wortbildungs*uns*pezifische Einheiten)

_Wörter)

Wörter kommen grundsätzlich frei in Texten vor.

Wörter sind Einheiten, die in Texten als frei vorkommende Wortformen realisiert werden: *Apfel, Apfels, Äpfel*. Auch in der Wortbildung werden Wörter stets als Wortformen verwendet. Mitunter kommen Infinitivformen vor wie *laufen* in *das Laufen,* Genitivformen wie *Sohnes* in *Sohnespflicht*, Pluralformen wie *Kinder* in *Kindergarten* oder Komparativformen wie *breiter* in *verbreitern*. Meist werden aber Stämme verwendet: *Apfel* in *Apfeltorte*, *süß* in *süßen*, *wander-* in *Wanderer*. Ein Stamm ist etwas, an das unmittelbar ein Flexionsaffix angehängt

Wortformen und Stämme

werden kann: An *Apfel* kann das Flexions-*s* angehängt werden zur Bildung des genitivischen *Apfels*. Ein Stamm ist also eine Wortform minus Flexionsaffix (*Apfel*). Im Deutschen stimmen die Stämme der Substantive und Adjektive mit deren Normalformen überein. Die Normalform von Substantiven ist der Nominativ Singular; *Apfel* ist Stamm und Nominativ Singular. Bei Verben stimmen die Stämme mit den Imperativformen überein; *geh* ist Stamm und Imperativ (*geh du schon mal voran!*). Als frei vorkommend gelten allenthalben auch die seltenen Verbstämme des Typs *les-* mit abweichender Imperativform (*lies*).

> Wörter sind mit allen Einheiten, auch mit sich selbst kombinierbar.

Das heißt, Wörter wie *weiß* können zum Beispiel mit Wörtern wie *Wein* zusammengesetzt werden (*Weißwein*), mit Konfixen wie *bio-* (*bioweiß*) oder mit Wortbildungsaffixen wie *-lich* (*weißlich*).

In Wortbildungsprodukten verhalten sich Wörter in der Regel anders als in der Syntax; sie werden syntaktisch eingefroren. Präpositionen verlieren ihre Rektion, die syntaktisch obligatorischen Ergänzungen entfallen: So wird mit *vor* in *Vordach* und *vorgehen* nicht mehr explizit ausgesagt, vor was etwas ist. Vgl. Stiebels/Wunderlich 1994.

Die meisten Wörter werden mit Wörtern gebildet, ihrem allgemeinen Vorkommen entsprechend überwiegend mit Substantiven: *Zucker* in *Zuckerbäcker, zuckern, zuckrig*. Im Prinzip sind aber Wörter aller Wortarten offen für die Wortbildung: *süß* in *Süßholz*, *misch*en in *vermischen*, *nach* in *Nachspeise*, sogar Interjektionen und Pronomina: *Aha-Erlebnis, buhen; Wir-Gefühl*.

einfache
und komplexe
Wörter

Zu unterscheiden sind einfache Wörter, sogenannte Simplicia (zu lat. *simplex, simplicis* ‚aus einem Teil bestehend, einfach‘), und komplexe Wörter. Komplexe Wörter entstehen durch Wortbildung: So entsteht aus dem einfachen Wort *Torte* das komplexe Wort *Apfeltorte* und aus dem einfachen Wort *kalt* das komplexe Wort *erkälten*. Auch komplexe Wörter können wiederum kombiniert werden und weitere komplexe Wörter bilden. So kann *erkälten* mit dem Wortbildungsaffix *-ung* kombiniert werden zu *Erkältung* und das wiederum kann mit dem Wort *Bad* kombiniert werden zu *Erkältungsbad*. Besonders bei der Bildung von substantivischen Komposita sind Sprecherschreiber im Deutschen relativ uneingeschränkt; deutsche Substantivkomposita können extrem komplex sein:

Apfeltorte
Apfeltortenrezept
Apfeltortenrezeptbuch
Apfeltortenrezeptbuchverlag
Apfeltortenrezeptbuchverlagsdirektor
Apfeltortenrezeptbuchverlagsdirektorentochter

_Phrasen)

Gelegentlich werden Wörter mit Phrasen gebildet, vor allem mit Substantivphrasen (*Grüne-Bohnen-Eintopf*) und ganzen Sätzen: *sein langer Ich-kann-sie-nicht-vergessen-Brief, Vergissmeinnicht.* Vgl. Lawrenz 1997, Meibauer 2003. Überwiegend werden Substantive gebildet: *Grüne-Bohnen-Eintopf, Vergissmeinnicht,* mitunter aber auch Adjektive: *viertürig, blauäugig, langbeinig.*

Eine Besonderheit sind Wörter aus Phrasen wie *sie war schließlich nicht bloß Mrs. Lincoln, sie war Frau-Präsident-der-Vereinigten-Staaten-die-sich-im-Krieg-befinden* (Griesemer 2003: 466); *Diese Verwendung-von-Sprache-zu-einem-Zweck konstituiert sich in Akten des Meinens und Verstehens* (Hörmann 1978: 497); *mit den für die Gespräche-am-Tage-danach in zu großer Fülle bereiteten Speisen* (Lander 1995: 81); *den kräftigen, mit gehackten Pfefferschoten und Nelken gewürzten Büffel-im-Topf* (Sijie 2003: 108). Ohne Bindestriche würden hier normale Phrasen stehen: *den kräftigen Büffel im Topf*; mit den Bindestrichen wollen Schreiber wohl grafisch markieren, dass sie etwas als stark zusammengehörig empfinden, als eine Einheit, einen Begriff.

_Buchstaben)

Gelegentlich werden Wörter auch mit Buchstaben gebildet. Buchstaben haben vor allem zwei Funktionen. Erstens stehen sie für eine Rangfolge: Die A-Klasse ist ganz weit vorn, das B-Movie ist zweitklassig; so auch *Der C-Jugend-Bundesliganachwuchs des 1. FC Kaiserslautern ist am Sonntag in Hofheim zu Gast und trifft um 13 Uhr im Sportpark auf die C-Jugend des FV Hofheim* (Mannheimer Morgen 2002, IDS-Korpora), *Zur Hierarchie innerhalb der geschlossenen Gesellschaft gehört die VIP-Lounge: Beim soeben infiltrierten Berlinale-Empfang thront die A-Prominenz, auch physisch über das gemeine Partyvolk erhöht, auf einer Empore* (Die Zeit 2001, IDS-Korpora); *In Hamburg gibt Jimi Tenor Interviews zum Mittagessen bei einem B-Chinesen auf St. Pauli* (Taz 1997, IDS-Korpora). Zweitens haben Buchstaben eine anschaulich ikonische Funktion: Ein T-Träger hat die Gestalt eines T, O-Beine haben die Gestalt eines O;

so auch *S-Kurve, X-Beine, Y-Chromosom*. Ausschließlich hierarchisierende Funktion haben griechische Buchstaben: *Alpha-Männchen, Beta-Version*.

3_2 Wortbildungsspezifische Einheiten)

_Konfixe)

> Konfixe kommen nur gebunden in Texten vor.

Konfixe versus Wörter

Typische Konfixe (zu lat. *configere* ‚aneinander heften‘) sind *faszin-, therm-* und *-skop*. Solche Einheiten sind in ihrer Gestalt und Bedeutung wortähnlich: *„Ein Nachtigallerator“*, schwadronierte Professor Nachtigaller wie auf Knopfdruck los, *„ist eine Maschine zur Herstellung von Dunkelheit, die ich selbst erfunden habe. [...] Ein Triumph der Dunkelheitsforschung – oder Nachtigallik, wie die Experten diese wissenschaftliche Disziplin nennen. [...] Die ewige Schwärze des Alls! [...] Niemand konnte sie bislang beobachten, aber ich habe sie ausfindig und dingfest gemacht mit meinem Nachtigalloskop“* (Moers 2002: 165f). Konfixe können aber im Gegensatz zu Wörtern weder frei in Texten vorkommen (*das *Skop, die *Faszin*), noch mit Flexionsaffixen direkt nutzbar gemacht werden (*die *Skopen, er *faszint mich*). Vgl. Schmidt 1987a, Starke 1994, Fleischer 1995, Grimm 1997, Donalies 2000, Elsen 2005a. Insofern können Konfixe nicht außerhalb der Wortbildung eingesetzt werden; sie sind wortbildungsspezifische Einheiten.

> Konfixe sind mit Wörtern und Affixen, auch mit sich selbst kombinierbar.

Konfixe wie *therm-* sind mit Wortbildungsaffixen wie *-ik* oder *-isch* kombinierbar (*Thermik, thermisch*), aber auch mit Wörtern wie *rot* und mit Konfixen wie *-stat* (*thermorot, Thermostat*).

unmittelbar und mittelbar kombinierbare Konfixe

Kombinierbar sind Konfixe meist unmittelbar, mitunter aber auch nur mittelbar: Unmittelbar kombinierbar sind Konfixe wie *therm-*; sie können unmittelbar mit Wortbildungsaffixen wie *-isch* und *-ismus* kombiniert werden: *Thermik, thermisch*. Andere Konfixe können das nicht, zum Beispiel *geo-*. *Geo-* kann jedoch zusammen mit anderen Konfixen wie *log-* ein Konfix *geolog-* bilden, das dann mit Wortbildungsaffixen wie *-e, -ie, -isch* zu Wörtern wie *Geologe, Geologie, geologisch* kombinierbar ist.

Die meisten Konfixe kommen ausschließlich initial vor, das heißt, als erste, als linke Einheit, etwa: Konfixe als linke und rechte Einheiten

bio-
fanat-
honor-
ident-
invest-
rhythm-
inform-

Solche Konfixe bilden Wörter wie *Biojoghurt, Biotop, biotisch, Fanatiker, fanatisch, fanatisieren, Honorar, honorabel, honorieren, Identität, identisch, identifizieren, investieren, Rhythmik, rhythmisch.*

Einige Konfixe kommen ausschließlich terminal, das heißt als letzte, als rechte Einheiten vor, etwa: *-zid*. Solche Konfixe bilden Wörter wie *Biozid* und *Herbizid*. Einige Konfixe sind nicht positionsfest; sie werden als linke und als rechte Einheit verwendet: *phil-* bzw. *-phil*. Solche Konfixe bilden Wörter wie *Philosoph* und *bibliophil*.

Als rechte Einheiten bestimmen Konfixe jeweils die grammatische Kategorie, also unter anderem die Wortart des ganzen Wortes. Selten gibt es bei den nur rechts vorkommenden Konfixen solche, die nicht auf eine Wortart spezialisiert sind wie *-zid* in *Herbizid* und *bakteriozid*. Hier sollten zwei Konfixe angesetzt werden: Ein substantivbildendes Konfix, das einen abtötenden Stoff bezeichnet, und ein adjektivbildendes Konfix, das eine abtötende Eigenschaft bezeichnet. Was jeweils abgetötet wird – (Un)Kraut oder Bakterien – sagt die linke Einheit. wortartdifferente Konfixe

Konfixe werden vor allem durch Entlehnung gewonnen; die meisten sind Eurolatinismen. Vgl. Munske/Kirkness 1996. Eurolatine Konfixe werden besonders gerne in den klassischsprachig ausgerichteten Naturwissenschaften zur Bildung von Termini verwendet, so im folgenden Vorschlag aus dem Ärzteblatt: klassische Konfixe

Für den Gesichtspunkt des zeitlichen Ablaufs der Krankheitsvorgänge und die daraus zu entwickelnde Lehre wird hier nun der Terminus Dromo-Logie vorgeschlagen. Dieser Terminus ist von seinen sprachlichen Bestandteilen her dem Mediziner keineswegs fremd; hergeleitet vom griechischen Wort „drómos" (Lauf) stellen die medizinischen Termini „Prodrom" und „Syndrom" zwei feste klinische Begriffe dar, denen das Merkmal der zeit-

lichen Einordnung von Krankheitserscheinungen in den Krankheitsprozeß gemeinsam ist. Dieser neue Terminus mit dem davon abgeleiteten Adjektiv „dromologisch" (wozu noch das „Dromogramm" kommt) zeichnet sich durch die geforderte Prägnanz und Spezifität aus und liefert für die medizinische Alltagssprache einen ebenso handlichen und geschmeidigen Fachausdruck, wie es Pathologie, Ätiologie, histologisch, Hämogramm schon lange sind. Auch für den internationalen wissenschaftlichen wie klinisch-praktischen Austausch dürfte der Terminus hilfreich sein

(http://www.aerzteblatt.de/v4/archiv/artikel.asp?id=1465)

Konfixe aus
modernen
Sprachen

Neuerdings werden aber auch Konfixe aus dem Englischen wie *-minator*, *-tainment* oder *-napping* entlehnt: *Zum anderen muss der „Sparminator" Eichel erkennen, dass allein mit seinem Sparprogramm keine Wahlen zu gewinnen sind* (Berliner Zeitung 2001, IDS-Korpora), *Der zuständige Kommentator erhält von uns bereits einen Ehrentitel: Der Plärrminator* (Kleine Zeitung 1998, IDS-Korpora); *Ein Kick für coole Kids! Testen Sie fun-orientiertes Equipment, Big Foot, Captain Avalange, Swingbo. Erst in den Tubing-Park, dann zum Skidoo, dann in die Free-Flow-Zone...Wintertainment pur* (Die Zeit 2004, IDS-Korpora); *Es kam sogar vor, dass tüchtige Zuchtfische Opfer von Fischnapping wurden* [...] *Wiederholt waren im vergangenen Jahr Diebe in Wohnungen eingestiegen, hatten Geld und Juwelen liegen lassen und wertvolle Fische gestohlen* (Vittachi 2003: 31). Vgl. Michel 2006a.

einheimische
Konfixe

Entlehnte Konfixe sind Einheiten der Lehnwortbildung. Fleischer 1995 betrachtet darüber hinaus auch die wenigen einheimischen Einheiten des Typs *stief-*, *schwieger-* und *zimper-* als Konfixe, weil sie den Hauptkriterien entsprechen: Sie sind gebunden und kombinierbar, und zwar mit Wörtern wie in *Stiefmutter*, *Schwiegertochter*, *Zimperliese* und mit Wortbildungsaffixen wie in *stieflich* und *zimperlich*. So auch *Stieflinge* (Kerr, nach Holbein 1996: 78), *Stieffamilie* (Die Woche 1999, nach Barz 2005: 667), *der Stief-Großvater von Walter, der 1919 eingeheiratet hat, nachdem der Großvater gefallen war und die Großmutter mit fünf Kindern allein dastand* (Salzburger Nachrichten 1998, IDS-Korpora), *Die Mann-von-der-Straße-Prinzipien pflegt er wie kein Mann von der Straße es je täte – die Schwiegeranwärter müssen erst mal mit dem Vater Dornkaat trinkend Manneshärte belegen* (Taz 1997, IDS-Korpora).

_Wortbildungsaffixe)

Wortbildungsaffixe kommen nur gebunden in Texten vor.

Wortbildungsaffixe (zu lat. *affigere* ‚anheften, an etwas befestigen‘) wie *un-*, *ver-*, *-heit*, *-lich* kommen anders als Wörter nicht frei in Texten vor und können auch nicht durch Flexionsaffixe nutzbar gemacht werden: *Kein *Un *vert einsam durch die Welt.*

Wortbildungs-affixe versus Wörter

Anders als Konfixe können Affixe zudem nicht mit sich selbst Wörter bilden (**unlich*, **Unheit*).

Wortbildungs-affixe versus Konfixe

> Wortbildungsaffixe sind nicht mit sich selbst kombinierbar.

Wortbildungsaffixe werden häufig beschrieben als Einheiten mit verblasster Eigenbedeutung; Affixe dienen, heißt es, in erster Linie der Wortbildung, sie haben eine Funktion, keine Semantik. Ganz so pauschal kann man das aber nicht sagen. Zu unterscheiden sind vielmehr transponierende, determinierende und determinierte Affixe.

semantische Möglichkeiten

_Exkurs: *Kindchen, Sensibelchen* – Semantische Leistung von Wortbildungsaffixen)

Transposition (zu lat. *transponere* ‚an einen anderen Ort versetzen, überführen‘) ist ein semantischer Wortbildungsvorgang: Durch Transposition wird ein Wort in eine andere Wortart überführt und zwar so, dass sich nichts an der kategoriellen Bedeutung ändert: *zart* zu *Zartheit*. Die kategorielle Bedeutung ist jene Bedeutung, die Wörter verschiedener Wortarten, verschiedener Kategorien voneinander unterscheidet: Substantive bezeichnen ja üblicherweise Sachen und Sachverhalte (*Herz, Liebe*), Adjektive bezeichnen üblicherweise Eigenschaften (*zart*), Verben bezeichnen üblicherweise Tätigkeiten und Zustände (*lieben, träumen*). Bei Wortbildungsprodukten wird mitunter die kategorielle Bedeutung des zugrundeliegenden Wortes übernommen: Zwar ist *Zartheit* ein Substantiv, es hat aber die kategorielle Bedeutung des zugrundeliegenden Adjektivs; sowohl *zart* als auch *Zartheit* bezeichnen Eigenschaften.

transponierende Affixe

Auch Determination (zu lat. *determinare* ‚begrenzen, eingrenzen, festlegen, bestimmen‘) ist ein semantischer Vorgang: Durch Determination wird eine Einheit durch eine andere semantisch näher bestimmt. Determinieren, semantisch näher bestimmen, eingrenzen, spezifizieren können Wörter und Konfixe: So determiniert *Apfel* in *Apfeltorte Torte* und *bio-* determiniert in *Biobutter Butter*. Eine Apfeltorte ist eine Torte, und zwar eine mit Apfel. Determinieren können aber auch Wortbildungsaffixe: So determiniert *-chen* in *Kindchen Kind*. Ein Kindchen ist ein Kind, und zwar ein kleines, ein niedliches. Die determinierende Einheit (*Apfel*, *bio-*, *-chen*) wird Determinans genannt.

determinierende Affixe

Die andere Einheit eines komplexen Wortes, die seine Hauptbedeutung trägt und durch das Determinans näher bestimmt wird, wird De-

determinierte Affixe

terminatum genannt. In der Forschungsliteratur wird meist nur Wörtern und Konfixen dieser Status zugebilligt, aber auch Affixe können Determinata sein: Wortbildungsprodukte, bei denen das Affix determiniert wird, sind etwa *Lehrer, Sensibelchen, beschönigen, vergolden: Sensibelchen* bezeichnet eine durch *-chen* benannte Person, die sensibel ist; *vergolden* bezeichnet eine durch *ver-* benannte Tätigkeit, bei der etwas mit Gold versehen wird: *die Restaurateure vergolden das Eisengitter.*

Prüfmethoden Die beschriebenen Affixmerkmale lassen sich durch zwei einander ergänzende Prüfmethoden ermitteln, die zum einen nach der Veränderung der grammatischen Funktion, zum anderen nach der Veränderung der kategoriellen Bedeutung fragen.

grammatische Funktion Zum einen wird erfragt, ob die Affixe eine Veränderung der grammatischen Funktion bewirken, ob also die Wortart verändert wird. Hauptwortarten sind Adjektiv, Substantiv und Verb. Gleichen Wortarten gehören *Kind* und das daraus abgeleitete *Kindchen* an; beide sind Substantive. Verschiedenen Wortarten gehören das Adjektiv *sensibel* und das daraus abgeleitete Substantiv *Sensibelchen* an. Es ergeben sich zwei Fälle:

▶ Die grammatische Funktion ändert sich (Typ I, Typ II).
▶ Die grammatische Funktion ändert sich nicht (Typ III, Typ IV).

	Adjektiv	Substantiv	Verb
Typ I	zart →	*Zartheit*	
		Bergung	← *bergen*
	wacklig		← *wackeln*
Typ II	sensibel →	*Sensibelchen*	
	sensibel →		*sensibilisieren*
		Gold →	*vergolden*
Typ III	gelb → *gelblich*		
	sozial → *asozial*		
		Kind → *Kindchen*	
			laden → *beladen*
Typ IV		*Lyrik* → *Lyriker*	
		Mensch → *Menschheit*	

kategorielle Bedeutung Zum anderen wird erfragt, ob die Affixe eine Veränderung der kategoriellen Bedeutung bewirken, ob also durch das Anfügen von Affixen verschiedene Arten von Entitäten bezeichnet werden oder nicht. Arten von Entitäten sind vor allem Sache, Eigenschaft und Tätigkeit. Auf einer oberen Ebene bezeichnen Substantive Sachen, das Substantiv *Zartheit* bezeichnet aber eine Eigenschaft, das Substantiv *Bergung* bezeichnet eine Tätigkeit. Auf einer Ebene unterhalb dieser allgemeinen Ebene der Entitäten lassen sich weitere definieren. So kann die Entität Sache weiter aufgefächert werden in Entitäten wie Lebewesen oder Ort. Diese weitere Auffächerung ist notwendig, damit wir den Unterschied zwischen zwei Untertypen sehen: *Kindchen* (Typ III) und *Lyriker* (Typ IV) haben zwar gemeinsam, dass sie wie die zugrundeliegenden Substantive Sachen bezeichnen, dass also ihre kategorielle Bedeutung auf der obersten, der relativ allgemeinen Ebene nicht verändert wird; sie unterscheiden sich aber insofern, als *Kindchen* ebenso wie *Kind* auch auf einer feiner differenzierenden Ebene zur gleichen Entität, nämlich zur Entität Lebewesen gehören, während *Lyriker* der Entität Lebewesen, *Lyrik* der Entität Literaturgattung angehört. Zwischen *Lyrik* und *Lyriker* findet also auf einer unteren, einer differenzierteren Ebene eine kategorielle Bedeutungsveränderung statt. Es ergeben sich wiederum zwei Fälle:

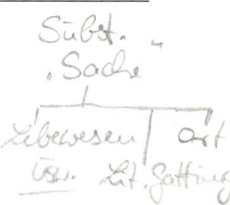

▶ Die kategorielle Bedeutung ändert sich (Typ II, Typ IV).
▶ Die kategorielle Bedeutung ändert sich nicht (Typ I, Typ III).

	Eigenschaft	Sache	Tätigkeit
Typ I	zart → *Zartheit*		
			bergen → *Bergung*
			wackeln → *wacklig*
Typ II	sensibel →	*Sensibelchen*	
	sensibel →		*sensibilisieren*
		Gold →	*vergolden*
Typ III	gelb → *gelblich*		
	sozial → *asozial*		
		Kind → *Kindchen*	
			laden → *beladen*
Typ IV		Lyrik →	*Lyriker*
		Mensch →	*Menschheit*

Es besteht folgende Kreuzklassifikation:

	Veränderung der grammatischen Funktion	Veränderung der kategoriellen Bedeutung
Typ I	+	−
Typ II	+	+
Typ III	−	−
Typ IV	−	+

Wortbildungsaffixe sind nun so zu beschreiben:

- **Typ I: Das Wortbildungsaffix transponiert.**

Hierher gehören alle Affixe mit dem Merkmal (+–), die einen Wortartwechsel bewirken (+), ohne dass mit diesem Wortartwechsel eine kategorielle Bedeutungsveränderung verbunden ist (–): *Zartheit*, *Bergung*.

- **Typ II: Das Wortbildungsaffix ist wortartveränderndes Determinatum.**

Hierher gehören alle Affixe mit den Merkmalen (++), die die Wortart ändern (+), wobei das zugrundeliegende und das resultierende Wort verschiedenen Entitäten angehören (+): *Sensibelchen*, *vergolden*. Die damit postulierte starke semantische Eigenständigkeit einiger Affixe ist umstritten. Dies mag auch daran liegen, dass Wortstrukturen üblicherweise in Paraphrasen beschrieben werden, etwa das Kompositum *Apfeltorte* als ‚Torte mit Apfel'. Strukturen mit determinierten Affixen lassen sich nun aber nicht so beschreiben, weil Affixe in Texten nicht frei vorkommen können und erklärende Paraphrasen ungrammatisch klingen: *Sensibelchen* *,-chen, das sensibel ist'.

- **Typ III: Das Wortbildungsaffix ist Determinans.**

Hierher gehören alle Affixe mit dem Merkmal (––), die weder die Wortart ändern (–), noch die Entität (–), sondern lediglich die Bedeutung nuancieren: *gelblich*, *Kindchen*. Zu Typ III ist auch die Negation zu stellen: Bei der Negation (*schön* zu *unschön*) verändert sich die Wortart nicht; Negationsaffixe nuancieren, es verändert sich also auch entitätisch nichts: *schön* und *unschön* bezeichnen Eigenschaften. Allerdings zeigt die Paraphrasierung sofort eine störende Uneleganz: gelblich ist gelb, aber unschön ist eben gerade nicht schön. Für die Negation könnte daher ein eigener Sondertyp angesetzt werden. Und auch in einer weiteren Hinsicht könnte der Typ III weiter ausdetailliert werden: Bei Typ III findet kein Wortartwechsel statt, allerdings ändern sich mitunter andere grammatische Merkmale wie das Genus: *der Hase, das Häschen*.

- **Typ IV: Das Wortbildungsaffix ist nicht-wortartveränderndes Determinatum.**

Hierher gehören alle Affixe mit den Merkmalen (–+), die wie die Affixe des Typs II determiniert werden: *Lyriker*. Dabei ändern die Affixe nicht die Wortart (–); zugrundeliegendes und resultierendes Wort gehören verschiedenen Unterarten von Entitäten an (+).

Wortbildungsaffixe versus Flexionsaffixe

Abzugrenzen sind Wortbildungsaffixe außerdem von Flexionsaffixen wie *-ete* in *er redete und redete*. Flexionsaffixe, auch Flexive genannt, sind gebundene Einheiten mit syntaktischer Funktion und Bedeutung. Vgl. Römer 2006: 34f. Sie werden insofern als Einheiten der Syntax gesehen, nicht als Einheiten der Wortbildung. Dass sich Wortbildung und Syntax aber mitunter gar nicht so klar voneinander abgrenzen lassen, hat schon Plank 1981: 8ff diskutiert. So bewirken Wortbildung und Flexion mitunter genau das Gleiche, etwa bei der Pluralbildung: Das Wortbildungsprodukt *Gebüsch* bezeichnet genauso wie die Pluralform *Büsche* eine Mehrzahl, ein Kollektiv.

Das Inventar der Wortbildungsaffixe ist begrenzt und recht übersichtlich. Vgl. Anhang sowie Fleischer/Barz 1995, Altmann/Kemmerling 2000, Eichinger 2000, Barz 2005. Offenbar reicht das vorhandene Affixinventar aber aus. Nur selten besteht das Bedürfnis, es zu erweitern. Zur Erweiterung des Affixinventars haben wir im Wesentlichen zwei Möglichkeiten.

Die eine Möglichkeit der Inventarerweiterung ist, Wörter zu Affixen umzufunktionieren: So hat sich das Suffix *-heit* aus dem mhd. Substantiv *heit* ‚Art und Weise, Beschaffenheit, Person, Stand' entwickelt, das Suffix *-schaft* aus mhd. *schaft* ‚Geschöpf, Beschaffenheit'. Für Wörter auf dem Wege zu Affixen – historisch zum Beispiel *heit* zu *-heit*, heute zum Beispiel *Werk* in *Astwerk* – wurde in der Forschungsliteratur eine eigene Kategorie Affixoid konstruiert.

Affixinventar

die eine Möglichkeit zur Erweiterung des Affixinventars

_Exkurs: *Astwerk* – Affixoide)

> *In zweifelhaften Fällen*
> *entscheide man sich für das Richtige.*
> Karl Kraus

Einheiten wie *Werk* in *Astwerk* gelten als problematisch, weil sie einerseits irgendwie Wortstatus haben, andererseits irgendwie Affixstatus. Ihre Bedeutung ist worttypisch ausgeprägt; sie kommen aber nur eingebunden in Wörtern wie *Astwerk, Buschwerk, Laubwerk* vor. Zur Lösung dieses Problems sollte eine Übergangskategorie Affixoid alle Einheiten aufnehmen, die man nicht den Wörtern, aber auch nicht den Affixen zuordnen wollte. Zusätzliche Kategorien zu schaffen, schafft aber mitunter zusätzliche Probleme:

„Zwar gibt es die Möglichkeit, [...] der Entscheidung für die eine oder andere der vorhandenen Kategorien auszuweichen, doch bringt das keine Lösung, sondern nur einen Aufschub" (Schmidt 1987b: 100). Denn mit einer dritten, der Übergangskategorie Affixoid ist nichts gewonnen, vielmehr muss man sich nun zwischen drei statt zwei Möglichkeiten entscheiden und es gibt nun zwei Grenzen statt einer. „Wir kämen gleichsam von einem Regen in zwei Traufen" (ebd.: 98). Da sollte man sich doch einfach entscheiden: Reicht die sprachliche Phantasie aus, um sich *Werk* als frei vorkommendes Wort vorzustellen, ist es eben ein Wort; will man

Werk nicht als frei vorkommend akzeptieren, ist es eben ein Affix und zwar eines zur Bildung von Kollektiva wie *-heit* in *Menschheit.* Vgl. Hansen/Hartmann 1991: 40, Fandrych 1993.

die andere Möglichkeit zur Erweiterung des Affixinventars

Die andere Möglichkeit der Inventarerweiterung ist die Entlehnung. So hat sich das Suffix *-er* aus lat. *-arius* entwickelt. Wie genau aber geht so eine Entlehnung vor sich?

_Exkurs: *Freies Sterbing* **– Entlehnung von Affixen)**

Nur äußerst selten werden isolierte Affixe direkt aus einer Herkunfts- in eine Zielsprache übernommen. Das funktioniert nämlich nur, wenn der Entlehner die Herkunftssprache in hohem Maße beherrscht. Üblicherweise lösen wir Affixe aus entlehnten Wörtern heraus und beleben sie damit auch in unserer eigenen Sprache. So beobachten Fleischer/Barz 1995: 192, dass das Suffix *-ing* „zunehmend mit englischen Wörtern ins Deutsche" kommt. Lehnwörter wie *Leasing, Piercing, Recycling, Splitting, Sponsoring, Stretching* ermöglichen Hypothesen über die Verwendung und Bedeutung des immer wiederkehrenden Elements *-ing:* Wir alle können mehr oder minder bewusst hypothesieren, dass *-ing* ähnlich wie das einheimische Affix *-ung* in *Hoffnung, Täuschung, Verständigung* verwendet wird. In Kenntnis der Funktion und Bedeutung des *-ing-*Affixes können wir nun auch selbst mit *-ing* substantivieren. Ein Indiz, dass ein Affix in der Zielsprache etabliert ist, ist die Kombination mit einheimischem Sprachmaterial: *Extremhang siehe Buckelpiste. Mit Stockeinsatz nach vorne zur Piste. Wehe nach hinten. […] Wegen Free-Rutsching beim Free-Falling zurück ins Tal. Auf jeden Fall Haltung bzw. body bewahren. Sonst: Free-Sterbing* (Taz 1994, IDS-Korpora), *Pfennigfuchsing* (Werbung billiges Telefonieren mit Arcor, Mannheimer Morgen 5./6.1999: 11). So auch *-istas* in *für alle nordrhein-westfälischen Fashionistas* (Elle 4/2003: 56), *Waltraud Schoppe versucht in Niedersachsen realpolitisch orientierte, pragmatische Frauenpolitik. Den als „Betonfeministas" bekannten Parteifreundinnen ist ihre Politik jedoch zu wenig radikal* (Taz 1991, IDS-Koprora), *Jetzt haben sich die Privaten was Neues überlegt. Sie nennen sich „free TV". Das reimt sich, das können sich auch Altenheimbewohner merken, die kein Englisch können. Freies Fernsehen. Freierabend mit der Gleichmacherei von Bezahlistas und Umsonstis* (Berliner Zeitung 1999, IDS-Korpora). Vgl. Šimečková 2000.

Wortbildungsaffixe werden entweder vorangestellt (*ver-* in *versüßen*), nachgestellt (*-e* in *Süße*) oder umschließen etwas (*ge-...-e* in *Gesüße*). Vorangestellte Wortbildungsaffixe heißen Präfixe, nachgestellte Wortbildungsaffixe heißen Suffixe, umschließende Wortbildungsaffixe heißen Zirkumfixe.

Präfixe (zu lat. *praefigere* ‚vorn anheften') sind gebundene Einheiten, die stets vor etwas positioniert sind (*mini-, ur-, ver-* in *Minigarten, urgemütlich, vergolden*). Präfixe verbinden sich mit Substantiven (*Megaparty, Misston, Untat*), Adjektiven (*hypernervös, missverständlich, unklug*) und Verben (*beschützen, entzaubern, verspielen*). Präfixe

Präfixe bilden überwiegend eine Silbe; Ausnahmen sind vor allem Lehnpräfixe wie *hyper-, mega-, mini-.* Präfixe „sind entweder betont oder unbetont. Aus der Betontheit ergibt sich eine Reihe von prosodischen Beschränkungen. Viel mehr ist zur Phonologie der Präfixe nicht zu sagen" (Eisenberg 1998: 259).

> In Kombination mit Substantiven und Adjektiven spielen Präfixe syntaktisch keine Rolle.

Präfixe bestimmen in Substantiven und Adjektiven nicht die grammatischen Merkmale des ganzen Wortes; in *Untat* und *unklug* bestimmt vielmehr die Basis etwa die Wortart, das Genus, die Flexion.

> Dagegen bestimmen Präfixe in Kombination mit Verben die grammatischen Merkmale des ganzen Wortes.

Präfixe legen alle grammatischen Merkmale der Verben fest. Das sehen wir besonders bei der Ableitung von Verben aus Substantiven oder Adjektiven: *bedachen, betäuben.* Hier besteht eine Ausnahme zur Righthand Head Rule, dem Prinzip der Rechtsköpfigkeit.

_Exkurs: *bedachen* – Ausnahme von der Righthand Head Rule)

Die Righthand Head Rule legt „in Form eines allgemeinen Prinzips fest, dass komplexe Wörter ihre morphologischen Eigenschaften vom rechten Bestandteil ererben" (Olsen 1991: 338f). So legt *Torte* in *Apfeltorte* fest, dass das Wortbildungsprodukt ein Femininum ist und alle grammatischen Merkmale von *Torte* besitzt; das Affix *-heit* in *Zartheit* legt fest, dass das Wortbildungsprodukt ein Femininum ist und alle grammatischen Merkmale von *-heit* besitzt. *Torte* und *-heit* sind die syntaktischen Köpfe, die syntaktische Hauptsache von *Apfeltorte* und *Zartheit.*

Ausnahmen von der Righthand Head Rule sind Verben aus Substantiven und Adjektiven: *bedachen, entkernen, vergolden; betäuben, erbittern, verarmen.* Vgl. Olsen 1991, Schmidt 1996.

Verben wie *bedachen* und *betäuben* müssen als Verben aus einem Substantiv (*Dach*) bzw. einem Adjektiv (*taub*) analysiert werden, weil die rechten Einheiten im Wortschatz nicht vorhanden sind (*dachen, *täuben). Man kann sie sich nicht mal so recht als Okkasionalismen, als Gelegenheitsbildungen vorstellen (von lat. *occasio* ,Gelegenheit, günstiger Zeitpunkt'). Sind sie aber aus Substantiven und Adjektiven hergeleitet, dann ist das Präfix offenbar der syntaktische Kopf, denn das Präfix verändert die Wortart, es bewirkt, dass aus einem Substantiv bzw. einem Adjektiv ein Verb entsteht. Linke Einheiten dürfen aber der Righthand Head Rule nach keine syntaktischen Köpfe sein. Wir haben im Wesentlichen drei Möglichkeiten, diese Besonderheit zu erklären:

bedachen aus virtuellem *dachen*

Erstens können wir virtuelle Zwischenformen annehmen, das heißt, virtuelle Verben wie *dachen* und *täuben*, die erst in einem zweiten Ableitungsschritt mit *be-* präfigiert werden. Immerhin sind solche Verben vom System her möglich, denn im System ist ein Modell für Verben dieser Art vorgesehen: Tatsächlich werden ja Verben wie *zuckern, salzen, ölen* und Verben wie *süßen, säuern, kühlen* gebildet. Am System liegt es also nicht, dass *dachen und *kernen so merkwürdig wirken. Es liegt an der Norm. Verben wie *dachen sind im Sinne dieses Nichtnormgerechtseins als virtuell einzustufen.

Dass es allerdings etwas geben soll, was wir nicht wirklich sehen können, was wir nicht wirklich fassen können, ist generell unbefriedigend. Dazu ein anschauliches Beispiel aus der Naturwissenschaft: „Pythagoras Mantra lautete „Alles ist Zahl". Von dieser Überzeugung beflügelt, versuchte er die mathematischen Regeln zu finden, denen die Himmelskörper unterliegen. Die Bewegungen von Sonne, Mond und Planeten am Himmel erzeugten ihm zufolge bestimmte musikalische Töne, die von den Längen ihrer Umlaufbahnen bestimmt waren. [...] Ein Pluspunkt ist, dass Pythagoras Behauptung, das Universum sei von Musik erfüllt, nicht irgendwie übernatürliche Kräfte in Anspruch nimmt. Auch ist die Theorie recht einfach und durchaus elegant; zwei Eigenschaften, die in der Wissenschaft hoch geschätzt werden. [...] Einfachheit und Eleganz rangieren jedoch hinter der wichtigen Eigenschaft jeder wissenschaftlichen Theorie, dass sie nämlich der Wirklichkeit entsprechen und einer Überprüfung zugänglich sein muss, und hier scheitert die Theorie der Himmelsmusik gänzlich. Laut Pythagoras sind wir ständig in diese Musik getaucht, aber wahrnehmen können wir sie nicht [...]. Letztendlich ist jede Theorie, die eine Musik postuliert, die nie gehört werden kann, oder irgendetwas anderes behauptet, das nie aufzuspüren ist, eine miserable wissenschaftliche Theorie" (Singh 2005: 17f).

Bei der Hypothese virtueller Zwischenformen fragt sich darüber hinaus, „ob eine Analyse plausibel ist, die stets einen zusätzlichen Ableitungsschritt erfordert" (Plank 1981: 57f): Wir müssten ja annehmen, dass in einem ersten Schritt das virtuelle Verb und in einem zweiten das Endprodukt erzeugt würde.

bedachen als Präfixkonvertat

Zweitens können wir mit Fleischer/Barz 1995: 308 davon ausgehen, dass Verben wie *bedachen* gebildet werden, indem gleichzeitig präfigiert und konvertiert wird, das heißt gleichzeitig ein Präfix hinzugefügt und die Wortart verändert. Das ist ein stimmiges Konzept, postuliert allerdings eine eigene Wortbildungsart Präfixkonversion, die ausschließlich Verben wie *bedachen* erzeugt.

Drittens können wir Präfixen Kopfstatus zubilligen. Dass nicht nur Suffixe, sondern auch Präfixe Köpfe sein können, wurde bereits erwogen: Schon „Williams 1981 und Lieber 1981 schlagen vor, die germanischen Präfixe als Köpfe der komplexen Verben zu betrachten [...]. Als linksseitige Köpfe übertragen sie ihre morphosyntaktischen Spezifizierungen auf die Gesamtkonstruktion und sind somit imstande, Nomina und Adjektive zu verbalisieren" (Olsen 1991: 341). Als syntaktischer Kopf fungiert etwa *be-* insofern, als es die grammatischen Merkmale des Derivats bestimmt: Ganz gleich, welcher Wortart das Ausgangswort angehört, sind *be-*Wörter stets Verben.

bedachen mit Präfixkopf

Die zentralen einheimischen Präfixe leiten ausschließlich Verben ab; es sind

Präfixe der Verbbildung

be-
ent-
er-
ver-
zer-

Typische Präfixverben sind *begehen, entgehen, ergehen, vergehen, zergehen*. Darüber hinaus gibt es Präfixe, die außer Verben auch Substantive und Adjektive ableiten: *missdeuten* sowie *Missernte, missvergnügt*.

Anders als Suffixe und Zirkumfixe können manche Präfixe vielfach vervielfacht werden:

Präfixhäufung

> *In dem gerade angelaufenen Film „Der Da-Vinci-Code" nach Dan Browns Roman sagt Tom Hanks am Schluss zu Audrey Tautou: „Du bist die letzte Nachfahrin Christi." Da lachen die Zuschauer und das ist nicht verwunderlich. Wie kommt der Mann dazu? Die Frau ist schließlich so jung und hübsch, dass bei allem demografischen Niedergang des christlichen Abendlandes in ihrem Fall weitere Nachfahren nicht auszuschließen sind. [...] Da hat Dan Brown das Buch des Lebens noch nicht richtig gelesen und den Code der Geschichte nicht zur Gänze entschlüssel. Wir holen die Formel hier eben mal nach: Angenommen, Jesus hat seine Kinder schon im Alter von 30 Jahren bekommen, was ja dem familienpolitischen Code unserer Ministerin Ursula von der Leyen entspräche, und seitdem ist alle 30 Jahre eine neue Generation seiner Nachfahren herangereift. Dann wäre Audrey Tautou seine Urururururururururururururururururururururururururururururururururururururururururururururururururururururururururururururururenkelin. Mein Gott ...*
> (Frankfurter Allgemeine Sonntagszeitung 21.5.2006: 1)

Besonders bei hervorhebenden Präfixen ist weitere Hervorhebung möglich: *megamegaschlau*. Zumindest auffällig wäre dagegen ein als Hervorhebung zu lesendes *das war schon kein Misserfolg mehr, das muss man wohl einen?Missmisserfolg nennen*; ungrammatisch und semantisch sinnlos wären **bebezahlen, *ververgolden*.

Nicht zu den Präfixen gehören Einheiten, die frei vorkommen und daher als Wort zu definieren sind: *anti* in *er ist ziemlich anti eingestellt*, *extra* in *sie ist extra früh aufgestanden*, *kontra* in *sie erwog alle Argumente pro und kontra*, *quasi* in *das ist ja quasi seine Aufgabe* oder *super* in *ein super Saxophonist*.

Präverbfügungen   Ebenfalls nicht zu den Präfixen gehören die linken Einheiten in Verben wie *abstehen, ansehen, vorgehen*. Verben dieses Typs sind stimmiger als Präverbfügungen zu analysieren.

_Exkurs: *vorgehen* – Präfixverb, Partikelverb, Präverbfügung)

Verben wie *abstehen, ansehen, vorgehen* werden in der Forschungsliteratur unterschiedlich interpretiert:

vor als Präfix   Erstens werden sie den Präfixverben zugeordnet. Das ist nicht stimmig, wenn man Präfixe wie üblich als immobil definiert, das heißt, wenn Präfixe per definitionem niemals vom Verb getrennt werden können und immer vor dem Verb stehen – daher ja auch Präfix. Einheiten wie *vor*- werden dagegen in vielen Realisierungen vom Verb getrennt (*vor kann er aber nicht gehen*) und zudem häufig nachgestellt (*geh du schon mal vor*).

vor als Partikel   In der neueren Linguistik hat sich für Verben wie *vorgehen* weitgehend der Begriff Partikelverb durchgesetzt. Vgl. Olsen 1998, Eisenberg 2004. Es wird differenziert zwischen Präfixverben einerseits (*entgehen, vergehen*) und Partikelverben andererseits (*vorgehen, nachgehen*). Risch 1995: 13 und Glück 2000: 512 differenzieren ausschließlich nach dem Kriterium Unfestigkeit und dem damit verbundenen Kriterium Hauptakzent. Dies hat den Vorteil, dass eine „formale Unterscheidung der Partikel- von den Präfixverben [...] problemlos möglich ist" (Eisenberg 1998: 254). Vgl. Stiebels/Wunderlich 1994, Lüdeling 1999. Nachteilig an dieser Grenzziehung ist jedoch, dass unbetonte, syntaktisch immobile linke Einheiten wie *durch* in *Sie durchdénkt das Problem* den Präfixen zugeordnet werden müssen, obwohl sich eine Zuordnung zu Einheiten wie in *Sie arbeitet das Buch dúrch* auch aus semantischen Gründen anbieten würde. Einen Ausweg versuchen Altmann/Kemmerling 2000, die zwischen Präfixverben (*vergehen*), Präfixpartikelverben (*durchdenken*) und Partikelverben (*vorgehen*) unterscheiden. Dabei bleibt allerdings immer noch verwirrend, dass eine Einheit wie *vor* in *Vordach* etwas wesentlich anderes sein soll als in *geh du schon mal vor*. Einmal soll sie eine Präposition, ein Wort sein und einmal eine unselbständige Partikel, die allein für die Verbbildung reserviert ist. Vor allem aber ist das Hauptproblem der Wortdefinition auch damit nicht aus der Welt.

Weil Wortbildung per definitionem Wörter bildet, in zwei Teile Teil- Konstitution
bares aber kein Wort ist, fällt die Bildung mobiler Wortgruppen wie
vorgehen aus den üblichen Wortbildungsarten „heraus und müsste als ei-
genständige Wortbildungsform angesehen werden" (Fehlisch 1998: 224).
Diese eigene Wortbildungsform nennt Thurmair 1996 nach Weinrich
1993 Konstitution. Zur Konstitution rechnet Thurmair verschiedene Arten von Verbklammern, so u.a. „Grammatikalklammern" (*kann verstehen*) oder „Lexikalklammern" (*stelle einen Antrag*). Die Einbeziehung von
Wortgruppen ist allerdings grundsätzlich problematisch: „Die Abgrenzung zur freien wie auch zur phraseologischen Wortgruppe bleibt offen.
Der Gegenstand der verbalen Wortbildung weitet sich in unübersichtlicher Weise aus" (Fleischer 1996: 47). Der Wortbegriff müsste ganz neu
bestimmt werden; bei der Wortbildung würden Phänomene gebildet, die
üblicherweise nicht als Wort verstanden werden, so auch Funktionsverb-
gefüge wie *in Erfahrung bringen*.

An dieser Stelle sei kurz etwas bemerkt zu jenen amtlichen Schreib- Orthografie und
regelungen des Deutschen, die Auswirkungen auf den Wortbegriff ha- Wortdefinition
ben: Verben wie *vorgehen* werden amtlicherseits als Wort aufgefasst und
sollen daher zusammengeschrieben werden. Deutsche Orthografie ist da
ja recht streng: Wörter werden grundsätzlich zusammengeschrieben. In
diesem Punkt widersprechen sich nun aber Orthografie und Wortbegriff;
die Orthografie verlangt hier nämlich Zusammenschreibung für syntaktisch mobile Einheiten (*geh du schon mal vor*). Dagegen weist Drach 1940:
56 darauf hin, dass die „Rechtschreibgewohnheit, Gefügepartner, wenn
sie syntaktisch in Nachbarstellung treten, kurzweg zusammenzuschrei-
ben", unbequeme Folgen zeitigt. Schon Adelung habe davor gewarnt,
„den eingerissenen Rechtschreibgebrauch, den er für irreführend hält, zu
übertreiben. ‚Sollten diese alle als zusammen gesetzte Verben behandelt
werden können, so müsste schließlich ein jedes Verb mit einem Adverb
ein zusammen gesetztes Wort machen, und wo wollte man dann mit all
den Zusammensetzungen hin? Wer *bevorstehen, übereinstimmen* schreibt,
wird auch bald schreiben wollen: *aufeinanderfolgen, hinterherlaufen, aus-
demhausegehen, überdiestraßelaufen*'. Die Rechtschreibung des neunzehn-
ten Jahrhunderts ist der Mahnung Adelungs nicht gefolgt. Die törichte
Gewohnheit nahm dauernd zu." Drach spitzt diese Erkenntnis weiter zu:
„Die sonst so unbegreiflichen Erscheinungen der Formenlehre werden
ohne weiteres klar, wenn man erkennt, dass hier keine Zusammensetzung, sondern die irreführende Rechtschreibung eines verbalen Gefüges
vorliegt." Wortstatus sollte also nicht unbedingt über Rechtschreibkrite-
rien definiert werden. Vgl. Wurzel 2000, Wurzel 2002.

Die glatteste Analyse sieht nun so aus: Verben des Typs *vorgehen* sind *vor* als Präverb
keine Wörter, sondern Wortgruppen, also syntaktische Gefüge. Dies legt
ja auch schon das Modell Konstitution nahe. In Anlehnung an Zifonun
1973 werden diese syntaktischen Gefüge allenthalben Präverbfügungen
genannt. Vgl. Leden 1975, Šimečková 1996, Donalies 1999. Präverbfügungen bestehen aus einem Verb (*gehen*) und einer Präposition in der

Funktion eines Präverbs (*vor*). Der Terminus Präverb ist ähnlich zu verstehen wie der Terminus Adverb; Prä- wie Adverbien begleiten das Verb. Terminologisch weniger günstig ist der Bestandteil *prä-*, weil Präverbien ja gerade nicht prinzipiell vor etwas stehen, sondern nur in manchen Wortformen, etwa dem Infinitiv.

semantische Leistung von Präfixen Präfixe können nicht transponieren. Das liegt daran, dass sie in der Regel nicht die grammatischen Merkmale des ganzen Wortes bestimmen. Dort, wo Präfixe die grammatischen Merkmale des ganzen Wortes bestimmen (*bedachen, verarmen*), werden sie determiniert: Das Präfix bezeichnet eine Tätigkeit, die durch das zugrundeliegende Wort (*Dach, arm*) semantisch näher bestimmt wird; es wird etwas getan, und das hat mit einem Dach und mit Armsein zu tun. Außerdem können Präfixe determinieren: *megaschön, beladen*.

Suffixe Suffixe (von lat. *suffigere* ,hinten anheften') werden definiert als gebundene Einheiten, die stets hinter einer Basis positioniert sind. Typische Suffixe sind *-heit, -lich, -ig* in *Zartheit, glücklich, festigen*. Suffixe verbinden sich genauso wie Präfixe mit Substantiven (*Kindchen, glücklich*), Adjektiven (*Länge, bläulich, festigen*) und Verben (*Lehrer, hüsteln*). Darüber hinaus verbinden sie sich mit Wörtern anderer Wortarten (*in Bälde*), mit Konfixen (*Informant, informativ, informieren*) und mit Phrasen (*Dickhäuter, blauäugig*).

> Suffixe bestimmen als rechte Einheiten grundsätzlich die grammatischen Merkmale des ganzen Wortes.

So legt das Suffix *-heit* fest, dass *Zartheit* ein feminines Substantiv ist; das Suffix *-lich* legt fest, dass *glücklich* ein Adjektiv ist; das Suffix *-ier* zeigt uns sofort, dass *trynkerieren* ein Verb ist, auch wenn wir es nicht kennen. In der Regel sind Suffixe syntaktisch konstant, einige Suffixe haben aber sprachhistorisch bedingte Varianten des Genus: *die Mühsal, das Scheusal* oder *das Wachstum, der Irrtum*.

Stammvokaländerung Einige Suffixe wie *-chen* bewirken systematisch eine Stammvokaländerung: *Gärtchen, Hütchen*, und zwar auch dann, wenn im Flexionsparadigma der Basis kein Umlaut vorkommt: *Pfötchen, Pünktchen*. Präfixe dagegen bewirken weniger systematisch eine Umlautung: *vergüten, verhüten*, aber *vermuten*. Vgl. Eschenlohr 1999: 101f, Eisenberg 2004: 270ff.

Suffixerweiterungen Während sich Präfixe in der Regel klar herauslösen lassen, sind Suffigierungsprodukte mitunter auf sehr verschiedene Weise analysabel. Problematisch sind vor allem Lehnwortbildungsprodukte wie *Republikaner*.

_Exkurs: *Republikaner* – Interfix, Basiserweiterung, Suffixvariante)

Lehnwortbildungsprodukte wie *Republikaner* können wir bestimmen als:

▸ Wörter mit einem Interfix *-an-*: *Republik-an-er*. Vgl. Fleischer/Barz 1995: 32.
▸ Wörter mit einer erweiterten Basis *republikan-*: *Republikan-er*. Vgl. Fuhrhop 1998. Fuhrhop nimmt an, dass es spezielle Varianten zu Wörtern und Konfixen gibt, zum Beispiel eine Variante *republikan-* zum Wort *Republik*, mit der Substantive (*Republikaner*) und Adjektive (*republikanisch*) gebildet werden.
▸ Wörter mit einer Suffixvariante *-aner*: *Republik-aner*.

Für jeden dieser Segmentierungsvorschläge lassen sich plausible Argumente finden. Entscheiden wir uns für die Suffixvarianz! Sie passt zu einer sehr minimalistischen Definition des Fugenelements und zu einer sprachhistorisch ausgerichteten Sichtweise: Lehnwortbildung orientiert sich ja naturgemäß stark an den Gegebenheiten der jeweiligen Herkunftssprache. Das lehnwortgebildete *Republikaner* ist nach lateinischen Formen wie *publicanus* gebildet. Im Lateinischen sind diese Formen Wörter mit einem Flexionssuffix (*-us*) und einem Wortbildungssuffix (*-an*). Weil *-an* im Lateinischen ein Wortbildungsaffix ist, können wir die entlehnte deutsche Einheit *-an-* analog ebenfalls den Wortbildungsaffixen zurechnen. Sie gilt als Suffixerweiterung im Sinne einheimischer Suffixerweiterungen des Typs *-erisch* (*regnerisch*) oder *-igkeit* (*Frömmigkeit*).

Suffixvarianten

Anders als Präfixe können Suffixe transponieren: *Zartheit*. Wie Präfixe können sie determinieren und determiniert werden: *Kindchen*, *Sensibelchen*.

semantische Leistung von Suffixen

In legereren Sprachstilen der Umgangssprache, zum Beispiel in der Jugendsprache, werden Suffixe mitunter auch rein klangspielerisch verwendet: *-o* in *geilo*, *-ös* in *teuriös*, *-inowski* in *bis baldinowski* und *-inger* in *Pilsinger*. Androutsopoulos 1998: 125 nennt solche Suffixe sprachkritisch „parasitär", weil sie seiner Vorstellung nach semantisch nichts hinzufügen, sondern einfach den Wörtern aufsitzen. Vgl. auch Elsen 2002.

jugendsprachliche Suffixspiele

Zirkumfixe (von lat. *circumfigere* ‚ringsum umwickeln') werden definiert als gebundene Einheiten, die stets um eine Basis herum positioniert sind: *ge-...-e* in *Gerede*. Mit Zirkumfixen werden Substantive (*Gerede, Gesinge, Gehopse*), Adjektive (*gefügig, gelehrig, gehässig*) und Verben gebildet (*begradigen, beschönigen, besänftigen*). Zwar be-

Zirkumfixe

schränken sich die Zirkumfixe hauptsächlich auf drei, nämlich auf das substantivische *Ge-...-e*, das adjektivische *ge-...-ig* und das verbale *be-...-ig*, besonders das substantivische Zirkumfix ist aber hochvital. „So kann man z.B. jedes Verb mit dem Zirkumfix *Ge-...-e* zu einem Substantiv ableiten. [...] Dass das Verfahren produktiv ist, kann man daran erkennen, dass es auch auf neue (entlehnte) Verben angewendet werden kann: *das Gezappe, Gechatte, Gefaxe, Gerave*" (Adamzik 2004: 153).

In der Forschungsliteratur umstritten ist, ob diese Einheiten als Kombination aus Präfix und Suffix oder als gesonderte Affixart analysiert werden sollen: Nach der Kombinationshypothese werden Wortbildungsprodukte wie *Gerede* als dreiteilige Strukturen aus einem Präfix (*ge-*), einer Basis (*red-*) und einem Suffix (*-e*) verstanden: *Ge*(1)*red*(2)*e*(3). Nach der Zirkumfixhypothese werden Zirkumfixe als ein Affix angesehen: *Ge*(1a)*red*(2)*e*(1b).

Die zweite Hypothese ist die einzig mögliche, wenn die elementare Grundregel der Binarität gelten soll, nach der Wörter mit Wortbildungsaffix grundsätzlich in zwei Einheiten teilbar sind: *zärt*(1)*lich*(2), *Zärtlich*(1)*keit*(2). Außerdem ermöglicht die zweite Hypothese eine Abgrenzung von Wörtern, bei denen Präfigierung und Suffigierung zeitlich versetzt aufeinanderfolgen: So leitet das Präfix *be-* das bereits mit dem Suffix *-ig* suffigierte Verb *festigen* ab (*befestigen*); die Ableitung findet in zwei Schritten statt: Zunächst wird *fest* plus *-ig* zu *festigen* abgeleitet, erst dann *be-* plus *festigen* zu *befestigen*. Zirkumfigierung dagegen findet offenbar nicht in zwei Schritten statt: Ein Verb wie *beschönigen* ist ja keine *be-*Präfigierung zu **schönigen*, denn es gibt kein gebräuchliches Verb **schönigen*; *beschönigen* hat vielmehr eine Basis *schön* und wurde in einem Schritt abgeleitet mit dem Zirkumfix *be-...-ig*.

> Zirkumfixe bestimmen grundsätzlich die grammatischen Merkmale des ganzen Wortes.

semantische Leistung von Zirkumfixen Wie Suffixe können Zirkumfixe transponieren: So bezeichnet *Gerede* ebenso wie *reden* eine Tätigkeit. Außerdem werden Zirkumfixe determiniert: So meint *beschönigen* ‚etwas machen, und zwar schön'.

Neben den Präfixen, Suffixen und Zirkumfixen wird mitunter eine eigene Kategorie Infix angenommen.

_Exkurs: *verunsichern* – Infixe)

Mitunter scheinen Wortbildungsaffixe in eine Basis eingefügt worden zu sein: *verunsichern, funktionsuntüchtig*. So auch *verunehrt* (Barlach 1988: 245). Dieser inneren Position wegen werden solche Wortbildungsaffixe Infixe genannt (von lat. *infigere* ‚einfügen‘). Die Herausdefinition eines separaten Affixtyps Infix ist in Bezug auf die deutsche Wortbildung jedoch nicht unabdingbar; die angeführten Beispiele können wir ebensogut als Wörter aus präfigierten Einheiten interpretieren: *ver-* und *Unehre*, *Funktion* und *untüchtig*. Ob für das Deutsche überhaupt Infixe angenommen werden müssen, gilt allenthalben als fraglich. Vgl. Glück 2000: 297.

_Unikale Einheiten)

Unikale Einheiten, auch unikale Morpheme, blockierte, Quasi- und Pseudomorpheme bzw. -plereme genannt, sind überkommene Relikte aus früheren Sprachepochen. Ehemals Wörter (mhd. *lind* ‚Schlange‘), sind sie heute als selbständige Einheiten vergessen: *Gestern ist mir im tiefen Tannenwald ein *Lind begegnet.* Sie haben sich aber unikal, das heißt einmalig, in komplexen Wörtern erhalten: *Lindwurm.* Typische unikale Einheiten sind:

schorn- in *Schornstein* von ahd. *scorren* ‚schroff emporragen‘
him- in *Himbeere* von mhd. *hinde* ‚Hirschkuh‘
brom- in *Brombeere* von mhd. *bramo* ‚Dornstrauch‘
-gall in *Nachtigall* von mhd. *galen* ‚singen‘
-gam in *Bräutigam* von ahd. *gomo* ‚Mann‘
sint- in *Sintflut* von german. *sin* ‚immerwährend, groß‘
veil- in *Veilchen* von ahd. *fiol* ‚Viola, Veilchen‘
-flat in *Unflat* von mhd. *flat* ‚Sauberkeit‘
-ginn in *beginnen* von german. *gennan* ‚anfangen‘
-gess in *vergessen* von ahd. *gezzan* ‚erlangen‘, heute engl. *to get*
-lier in *verlieren* von indogerman. *leu* ‚abschneiden‘
led- in *ledig* von ahd. *lid* ‚Teil‘
fäh- in *fähig* von ahd. *fahen* ‚fangen‘

Unikale Einheiten gelten als totes Material; wir können mit ihnen eigentlich keine weiteren Wörter bilden. Im Prinzip können wir aber unikale Einheiten reaktivieren, sogar ohne Kenntnis der ursprünglichen Herkunft: Dass die unikal gebundene Einheit *gall* zu german. *galen* ‚singen‘ gehört (heute noch in *gellen*), muss nur noch der Sprachhistoriker wissen; wir dagegen können aus dem Wissen heraus, dass eine Nachtigall ein Vogel ist, zum Beispiel *Tagigall* bilden. So auch in Anlehnung an *Unflat: Beide Politiker werfen jeweils anderen spiegelbildlich verkehrten Argumentationsflat an den Kopf* (Berliner Zeitung 1999, IDS-Korpora).

_Fugenelemente)

> *Das Wichtigste ist das n*
> *zwischen Semmeln und Knödeln*
> (Valentin 2006: 83)

In kombinierten Wortbildungsprodukten gibt es zwischen den beiden Grundeinheiten eine Fuge:

*Apfel*Fuge*torte*

*sommer*Fuge*lich*

In diese Fuge wird mitunter ein Fugenelement eingefügt:

Hochzeitstorte

> Fugenelemente sind im Gegensatz zu allen anderen Wortbildungseinheiten semantisch leer, sie bedeuten nichts.

Strukturierung durch Fugenelemente Vielleicht helfen sie strukturieren: So wird in der Forschungsliteratur darauf aufmerksam gemacht, dass auf simplizische Einheiten häufig kein Fugenelement folgt: *Zeitmaß, Fahrtkosten, Sichtblende, Schriftbild*, während komplexe Einheiten durch ein Fugenelement markiert werden: *Hochzeitstorte, Abfahrtszeit, Übersichtsplan, Überschriftszeile.* Vgl. Lindner 1998, Gallmann 1999: 187f, Fuhrhop 2000. Für eine Strukturierungsabsicht spricht, dass häufig zusätzlich ein Bindestrich gesetzt wird: *Reinlichkeits-Phantasien* (Frankfurter Rundschau 1999, IDS-Korpora), *Wahrscheinlichkeits-Nachweis* (Salzburger Nachrichten 1996, IDS-Korpora), *Freundschafts-Cocktail* (Zürcher Tagesanzeiger 1998, IDS-Korpora), *Institutions-Chroniken* (Taz 1999, IDS-Korpora), *Deutungs-Anspruch* (Berliner Zeitung 1998, IDS-Korpora).

leichtere Aussprache durch Fugenelemente Vielleicht dienen Fugenelemente auch der besseren Aussprechbarkeit, der Euphonie, dem schönen Klang (von griech. *eu-* ‚schön') – jedenfalls liest man das allenthalben so. Phonetisch nachweisbar ist aber offenbar nicht, warum *Hochzeitstorte* besser aussprechbar ist als *Hochzeittorte* und warum es dann nicht auch *Stadtstor* statt *Stadttor* heißt. Und warum schweizerdeutsche Sprecher *Abfahrtzeit* sagen können, bundesdeutsche aber meist *Abfahrtszeit* sagen müssen. Auch heißt es bundesdeutsch *Fabrikgebäude* und österreichisch *Fabriksgebäude*: *Im ersten Stock des Fabriksgebäudes* (Gauß 2002: 77), *Die Kinder der Arbeiter besuchten eine Fabriksschule, für Kranke oder Verletzte sorgte der eigene Fabriksarzt* (Neue Kronen-Zeitung 1999, IDS-Korpora).

Am meisten wird das einheimische Fugen-*s*- eingefugt: *Hochzeits-* Fugen-*s*-
torte, Sehnsuchtstränen, Menschheitstraum. Regelmäßig tritt es nach bestimmten Suffixen auf, so nach linken Einheiten mit

-heit
-ion
-ität
-keit
-schaft
-ung

So in *Wahrheitssehnsucht, illusionslos, Subtilitätsprüfung, höflichkeitshalber, Freundschaftsbeweis, hoffnungsvoll.* Die Verwendung des Fugen-*s*- richtet sich ganz nach der linken Einheit. Vgl. Fuhrhop 2000.

Seltener kommen die beiden entlehnten Fugenelemente -*i*- und Fugen-*i*- und
-*o*- vor, mit denen üblicherweise nur lehnwortgebildet wird: Das Fugen-*o*- aus dem Lateinischen entlehnte Fugenelement -*i*- wird extrem selten in Kombinationen verwendet, und zwar in solchen, die nur aus Konfixen bestehen: *Stratigraphie, Plastinaut.* Es ist gegenwärtig in der deutschen Standardsprache allerhöchstens schwach vital zu nennen. Häufiger ist das Fugen-*o*-: *Thermometer, anglophil, morphosyntaktisch.* Auch Wörter aus Konfixen und einheimischen Wörtern werden mit -*o*- verfugt: *Filzokratie, Thermojacke, tütophob.* Während bei der Wortbildung mit ausschließlich einheimischen Einheiten die linke Einheit den Einsatz des Fugenelements steuert (*Freundschaftsbeweis*), richtet sich der Einsatz des Lehn-*o*- offenbar nicht nur nach der linken, sondern ebenso nach der rechten Einheit: Das Fugen-*o*- tritt auf, ganz gleich, ob die linke oder die rechte Einheit eine Lehneinheit ist: *Filzokratie, Thermojacke.* Endet die linke Einheit auf -*o*-, fällt das Auslaut-*o*- mit dem Fugen-*o*- zusammen: *Biotop, egoman.*

Umstritten ist, ob darüber hinaus weitere Fugenelemente angenommen werden sollen.

_Exkurs: *Ärztehaus* – Fugenelement versus Flexionsaffix)

Es gibt im Wesentlichen zwei Positionen. Beide sind Festlegungen, die nicht besser, aber auch nicht schlechter sind als die jeweils andere. Wie immer man nämlich das Fugenelement definiert: Es bleiben Unstimmigkeiten, sowohl bei Position 1 als auch bei Position 2:

-e als
Fugenelement

▶ **Position 1** geht davon aus, dass Wörter prinzipiell nur aus Stamm-, nicht auch aus flektierten Wortformen zusammengesetzt werden. Alles, was zwischen dem ersten und dem zweiten Stamm steht, ist ein Fugenelement.

-e als
Flexionsaffix

▶ **Position 2** geht davon aus, dass die linke Einheit eines komplexen Wortes ein Stamm, aber auch eine flektierte Wortform sein kann. Sie ist immer dann eine flektierte Wortform, wenn das Flexionsparadigma der linken Einheit diese Form enthält.

Für und wider diese beiden Hauptpositionen spricht:

paradigmatische
und nicht-
paradigmatische
Elemente

Zum einen gehen die sprachgeschichtlich ältesten Zusammensetzungen des Deutschen auf Substantivphrasen wie ahd. *gotes poto* zurück. Vgl. Fleischer/Barz 1995: 136, Eisenberg 1998: 224f, Pavlov 2004. In dem sich entwickelnden Zusammensetzungstyp *Gottesbote* sind die flektierten linken Einheiten fossiliert. Analog dazu wurden Wörter zusammengesetzt, deren linke Einheiten teils flektierten Wortformen entsprechen (*Königsmantel, Mantel des Königs*), teils aber auch nicht (*Kindheitstraum, Traum des *Kindheits*). Wir unterscheiden hier sinnvollerweise zwischen Kombinationen mit paradigmatischem *-s-*, das heißt einem aus dem Flexionsparadigma der linken Einheit erklärlichen, und Kombinationen mit unparadigmatischem *-s-*. Position 1 sieht beide als Fugenelemente und differenziert in paradigmatische Fugenelemente (*Königsmantel*) und unparadigmatische Fugenelemente (*Kindheitstraum*). Position 2 sieht ein Nebeneinander von flektierten Wortformen (*Königsmantel*) und Fugenelementen (*Kindheitstraum*).

Unregelmäßig-
keiten

Zum anderen verwenden Sprecherschreiber nicht regelmäßig die flektierten Wortformen, auch wenn dies aus semantischen Gründen nahe läge. Die Form der linken Einheit ist nicht voraussagbar: Eine Bücherkiste bietet Platz für Bücher, aber dort, wo genauso mehrzählig Bücher verkauft werden, befinden wir uns in einer Buchhandlung; und es heißt *Buchrücken* und nicht *Buchesrücken*, obwohl es ja um den Rücken eines Buches geht. Insofern muss auch „der immer wieder unternommene Versuch, den Genitiv als Kriterium für die Setzung des Binde-*s* festzustellen, als gescheitert gelten" (Heuer 1986: 187). Auch phonische Regeln lassen sich nicht formulieren: Wenn *Sohnespflicht* besser aussprechbar sein sollte, warum dann nicht auch *Hohnesgelächter*? Position 1 leitet aus dieser Unregelmäßigkeit ab, dass Sprecherschreibern die flektierten Formen nicht mehr gegenwärtig und insofern auch paradigmatische Fugenelemente sinnleer sind. Position 2 sieht jedes System als ein System offener

Optionen. Die Optionen, Wörter außer mit Stamm- auch mit flektierten Wortformen zu bilden, werden gleichermaßen genutzt. Dass Sprecher-schreiber einmal so und einmal so verfahren, ist dabei kein Argument für oder gegen irgendetwas.

Zum Dritten sind linke Einheiten, die Genitivformen entsprechen, zu unterscheiden von linken Einheiten, die Pluralformen entsprechen. Position 1 hält beide für defunktionalisiert. Vgl. Eschenlohr 1999: 206. Dies kann aber zumindest für die Pluralformen nicht gelten: Die linken Einheiten in Komposita wie *Blumenvase* entsprechen in jeder Hinsicht den flektierten Wortformen. Die Wahl des Elements richtet sich exakt nach dem Flexionsparadigma dieser Einheiten: So wird bei der Zusammensetzung von *Blume* und *Vase* eben nicht das sehr häufige Fugen-*s*- gewählt, sondern ein dem Flexionsparadigma von *Blume* entsprechendes -*n*- (*die Blumen*). Zudem finden sich regelmäßig dem Flexionsparadigma der Pluralbildung entsprechende Umlautungen: *Ärztehaus, Gästebad, Räderwerk, Güterbahnhof, Männerfreundschaft, nächtelang*. Was wie eine Pluralform aussieht, ist nach Position 2 auch eine Pluralform. Dass Sprecherschreibern die Funktion und Semantik der linken Einheiten durchaus bewusst ist, zeigen auch Oppositionen wie *Landesverteidigung* ,Verteidigung eines Landes' versus *Länderspiel* ,Spiel zwischen Ländern'. Gerade Pluralformen sind vielfach sinnvoll. Sind Fugenelemente – wie ja auch Position 1 meint – als semantisch leer definiert, sollten jedenfalls bedeutungsbeitragende Pluralmarkierer wie in *Länderspiel* nicht als Fugenelemente analysiert werden.

Genitiv- und Pluralformen

Zum Vierten sind Wortformen in der Wortbildung generell keine verwunderlichen Ausnahmen. So basieren alle Infinitivkonversionen wie *das Denken, das Lieben* auf infinitiven Verbformen (*denken, lieben*); die Basen einiger konvertierter Verben wie *verbreitern* sind komparative Adjektivformen (*breiter*). Wenn es also hier Wortformen gibt, warum nicht auch bei *Ärztehaus*?

Wortformen in anderen Kombinationen

Ist schließlich „mit Fuge jede phonologische Veränderung gegenüber einer bestimmten Stammform gemeint" (Eisenberg 2004: 236), muss eine Vielzahl von Fugenelementen angenommen werden. Schon für substantivische Komposita sind anzusetzen: „*n* (*Blumenvase*), *s* (*Zweifelsfall*), *ns* (*Glaubensfrage*), *e* (*Pferdewagen*), *er* (*Kindergarten*), *en* (*Heldenmut*), *es* (*Siegeswille*) und *ens* (*Schmerzensschrei*)" (ebd.) sowie die Lehnfugenelemente -*i*- und -*o*-. Im Gegensatz dazu ergibt sich bei Position 2 ein sehr viel überschaubareres Inventar aus dem seltenen Fugenelement -*i*- und den häufigeren Elementen -*o*- und -*s*-. Auffällig ist dabei, dass außer -*i*-, -*o*- und -*s*- keine unparadigmatischen Elemente vorkommen. Alle übrigen sind als Flexionsaffixe zu erklären.

Überschaubarkeit des Inventars

Eher nicht als Fugenelement zu analysieren ist das -*e*- in Zusammensetzungen mit linker Verbeinheit: *Haltestelle, Hebebühne, Liegestuhl, Lösegeld, Redeverbot, werbewirksam, bademüde, lesekundig*, so auch

Stammvarianten

umsteigefreie Verbindung nach Kopenhagen (Die Zeit 1996, IDS-Korpora). Gallmann 1999: 185 erklärt dazu stimmig, dass mit dem relativ regelmäßigen *-e-* bei Verbstämmen auf *-b* (*heb-*), *-d* (*red-*), *-g* (*lieg-*), *-s* (*lös-*) oder *-t* (*halt-*) eine Stammvariante vorliegt „und nicht ein eigentliches Fugenelement".

4_ Wie Wörter gebildet werden – Wortbildungsarten)

Im Deutschen sind Wörter also aus Wörtern, Phrasen, ikonisch oder hierarchisch verwendeten Buchstaben, aus Konfixen, Wortbildungsaffixen, unikalen Einheiten und Fugenelementen gebildet. Aber mit welchen Verfahren genau werden sie gebildet? Die Verfahren, mit denen Wörter gebildet werden können, die Wortbildungsarten sind

- ▶ kombinierende Wortbildungsarten
- ▶ intern verändernde Wortbildungsarten
- ▶ reduzierende Wortbildungsarten
- ▶ assoziative Wortbildungsarten

4_1 Kombinierende Wortbildungsarten)

Die beiden zentralen Wortbildungsarten des Deutschen sind kombinierende Verfahren, nämlich

- ▶ Komposition
- ▶ explizite Derivation

Beide Verfahren sind einander sehr ähnlich; umstritten ist, ob man sie überhaupt auseinanderdefinieren soll. Vgl. Höhle 1982, Haase 1989, Hansen/Hartmann 1991, Ágel 1993, Welke 1995a. Beide Verfahren sind universal. Vgl. Naumann/Vogel 2000, Olsen 2000, Bauer 2001, Laca 2001. Das Deutsche ist berüchtigt für seine im Sprachvergleich extrem genutzte Komposition. Vgl. Donalies 2004.

_Komposition)

Bei der Komposition werden Komposita überwiegend aus Wörtern und Konfixen zusammengesetzt.

Die Komposition (von lat. *compositio* ‚Zusammenstellung, Zusammensetzung'), auch Zusammensetzung genannt, ist also eine kombinierende Wortbildungsart.

Wir unterscheiden

▶ Determinativkomposition
▶ exozentrische Komposition
▶ Kopulativkomposition
▶ Kontamination
▶ Reduplikation

Determinativkomposition

> Bei der Determinativkomposition werden Komposita aus einem dominanten Determinatum und einem untergeordneten Determinans zusammengesetzt.

Schauen wir uns dazu noch einmal das prototypische Kompositum *Apfeltorte* an.

Determinatum

Die rechte Einheit eines Determinativkompositums ist das Determinatum, das näher Bestimmte, das Grundwort, das, was das Grundsätzliche im Kompositum ausmacht, das Fundament:

■ **Eine Apfeltorte ist eine Torte.**

Ein Apfeltortenrezept ist ein Rezept. Ein Apfeltortenrezeptbuch ist ein Buch. Ein Apfeltortenrezeptbuchverlag ist ein Verlag. Ein Apfeltortenrezeptbuchverlagsdirektor ist ein Direktor. Eine Apfeltortenrezeptbuchverlagsdirektorentochter ist eine Tochter. Das Determinatum, das Grundwort sorgt für den Teil ‚ist ein x'.

Determinans

Die linke Einheit eines Determinativkompositums wie *Apfeltorte* ist das Determinans (von lat. *determinare* ‚begrenzen, eingrenzen, festlegen, bestimmen'), das heißt das, was semantisch eingrenzt, was näher bestimmt, das Bestimmungswort:

■ **Eine Apfeltorte ist eine Torte, und zwar eine mit Apfel.**

Ein Apfeltortenrezept ist ein Rezept, und zwar eins für Apfeltorte. Ein Apfeltortenrezeptbuch ist ein Buch, und zwar eins für Apfeltortenrezepte. Ein Apfeltortenrezeptbuchverlag ist ein Verlag, und zwar einer für Apfeltortenrezeptbücher. Ein Apfeltortenrezeptbuchverlagsdirektor ist ein Direktor, und zwar einer, der einen Apfeltortenrezeptbuchverlag leitet. Eine Apfeltortenrezeptbuchverlagsdirektorentochter ist eine Tochter, und zwar die des Apfeltortenrezeptbuchverlagsdirektors. Das Determinans, das Bestimmungswort sorgt für den Teil: ‚und zwar'.

Das Determinatum ist dem Determinans hierarchisch übergeordnet: Es legt zum einen die grammatischen Merkmale des Kompositums fest: *Apfeltorte* ist wegen *Torte* ein feminines Substantiv, *zuckersüß* ist wegen *süß* ein Adjektiv.

hierarchische Ordnung

> Ganz gleich, wie komplex Determinativkomposita sind: Sie sind grundsätzlich binär strukturiert.

Das Prinzip der Binarität, das Prinzip der Teilbarkeit in jeweils zwei Einheiten, gilt für Komposita wie *Apfel*(1)*torte*(2) genauso wie für Komposita wie *Apfeltortenrezeptbuchverlagsdirektoren*(1)*tochter*(2). Die jeweils binär verzweigte Struktur von Determinativkomposita lässt sich hierarchisch in einem Baumdiagramm darstellen.

Prinzip der Binarität

Zu unterschieden sind – um im Bild eines Baumes mit Zweigen zu bleiben – linksverzweigte, rechtsverzweigte und beidseitig verzweigte Determinativkomposita. Linksverzweigte Komposita sind Komposita wie *Blumenkohlsuppe*, *Lebenshaltungskosten* (Beispiele von Eisenberg 2002: 354), *Tüllgardinenstange*. Rechtsverzweigte Komposita sind Komposita wie *Fingerhandschuh*, *Sommersonnenwende* (ebd.), *Metallgardinenstange*. Beidseitig verzweigt sind Komposita wie *Hochgeschwindigkeitsmutprobe* (Bourdain 2004: 171):

Baumdiagramme

Hochgeschwindigkeitsmutprobe
/   \
Hochgeschwindigkeit Mutprobe
/ \   / \
hoch Geschwindigkeit Mut Probe

Linksverzweigte Komposita „werden leichter gebildet" als rechtsverzweigte. „Sie haben verarbeitungstechnische Vorteile" (Eisenberg 2002: 354), insofern Ohr und Auge deutscher Hörerleser ja auf die rechteste Einheit fokussiert ist: Komposita mit einer simplizischen rechten Einheit sind daher leichter zu rezipieren; man versteht gleich, dass es bei *Blumenkohlsuppe* um Suppe geht.

_Exkurs: *Straßenbahnfahrer* – **Segmentierungsprobleme)**

Meist ist ein des Deutschen mächtiger Hörerleser in der Lage, Komposita in sinnvolle Einheiten zu segmentieren (lat. *segmentum* ,Einschnitt, Abschnitt'). Extreme Fehlsegmentierungen wie *Weh-rufer* statt *Wehr-ufer*, *Wachs-tube* statt *Wach-stube*, *Pedalan-ordnung* statt *Pedal-anordnung*, *Konvenien-zehe* statt *Konvenienz-ehe* oder *Blumento-pferde* statt *Blumentopf-erde* kommen zwar beim Lesen immer mal wieder vor, werden aber überwiegend sofort aus dem Kontext heraus als unstimmig erkannt. So ist zum Beispiel wahrscheinlich, dass ein Lieutenant seinen Kopf nicht in eine Wachs-tube steckt: *Lieutnannt Lynn steckt den Kopf in die Wachstube und schaut auf die Zettel* (Die Zeit 1996, IDS-Korpora). Segmentierung ist also kein ernsthaftes Problem für die Verständigung. Linguisten beschäftigen sich dennoch gerne mit ihr.

Wie Rickheit 1993: 37f entwickelt, haben wir besonders bei Substantiven rein morphologisch gesehen (von griech. *morphé* ,Gestalt, Form') zahlreiche Möglichkeiten der Segmentierung. Sie spielt für *Straßenbahnfahrer* folgende Möglichkeiten durch:

▶ Segmentierung in eine Phrase und ein Suffix: *Straßenbahnfahr + -er*.
▶ Segmentierung in eine „lineare Morphemsequenz" (ebd.: 37): *Straße + n + bahn + fahr + -er*.
▶ Segmentierung in zwei Wörter: *Straßenbahn + fahrer*.
▶ Alternative Segmentierung in zwei Wörter: *Straßen + bahnfahrer*.
▶ Segmentierung in drei Wörter: *Straßen + bahn + fahrer*.
▶ Segmentierung in zwei Wörter und ein Fugenelement: *Straße + n + bahnfahrer*.
▶ Segmentierung in drei Wörter und ein Fugenelement: *Straße + n + bahn + fahrer*.
▶ Segmentierung in drei Wörter und ein Suffix: *Straßen + bahn + fahr + -er*.

„Es ist nicht ohne weiteres ersichtlich, welche dieser Segmentierungen nun die richtige ist, ob es vielleicht sogar alle auf irgendeine Art sind oder ob es Präferenzen für mehrere akzeptable Lösungen gibt, während andere unakzeptabel sind, weil sie zu Inkonsistenzen in der Strukturbeschreibung führen. Wie immer die Antwort ausfällt, man wird nicht umhin können, die einschlägigen morphologischen Kenntnisse um eine gewisse semantische Theoriebildung zu erweitern, wenn man das gegebene Beispielwort im Hinblick auf seine interne Struktur untersuchen will" (Rickheit 1993: 38). Vgl. Feine 1993, Fandrych/Thurmair 1994, Laube 1995, Pons 1998.

Als semantisch sinnvoll ergeben sich grundsätzlich die oben beschriebenen binären Strukturen. Bei Rickheits Beispiel ist es wohl am plausibelsten, in *Straßenbahn* und *Fahrer* zu zerlegen, weil *Straßenbahnfahrer* den Fahrer einer Straßenbahn bezeichnet. Mitunter sind bei Segmentierungen jedoch die Grenzen nicht immer so eindeutig zu bestimmen: Je nach Kontext kann etwa *Kindergeburtstagsfeier* sowohl zerlegt werden in *Kinder* und *Geburtstagsfeier* ‚Geburtstagsfeier mit Kindern/für Kinder‘ oder in *Kindergeburtstag* und *Feier* ‚Feier anlässlich eines Kindergeburtstags‘, also auch mit den Großeltern mütterlicherseits und einer angeheirateten Tante dritten Grades.

Wie für alle anderen komplexen Wörter gilt auch für deutsche Determinativkomposita die Righthand Head Rule, also das Prinzip der Rechtsköpfigkeit. Das Determinatum steht im Deutschen grundsätzlich rechts, in anderen Sprachen dagegen mitunter links: So bezeichnet frz. *café-filtre* den Filterkaffee und nicht den Kaffeefilter; im afrikanischen Wolof bezeichnet *boutikudaale* keinen Boutiquenschuh, sondern die Schuhboutique, den Schuhladen. Vgl. Donalies 2004.

Righthand Head Rule

   Ausschließlich das Determinatum wird flektiert; das Determinans ist für syntaktische Operationen unerreichbar, es wird nicht flexivisch angepasst. Der Plural von *Apfeltorte* ist nicht *die *Äpfeltorten*. Allein der Plural von *Semmelknödel* ist *Semmelnknödeln*, jedenfalls dem berühmten Witz Karl Valentins nach:

syntaktische Unerreichbarkeit des Determinans

> – *Man sagt von jeher Semmelknödel.*
> – *Ja, zu EINEM – aber zu mehreren Semmelknödel sagt man Semmelnknödeln. Semmel ist die Einzahl, das muss Ihnen merken, und Semmeln ist die Mehrzahl.*
>
> (Valentin 2006: 83)

Nur bei ganz wenigen etablierten Komposita findet sich noch „die interne Flexion relikthaft bewahrt" (Fleischer/Barz 1995: 88). Wie Paul 1975: 338 meint, hat sich in solchen ultrararen Fällen „das Gefühl für die Einheitlichkeit des Begriffs darin kund getan, dass trotz der Flexion im Innern Zusammenschreibung eingetreten ist, vgl. *Langeweile*, *Hohepriester*, *Blindekuh*. Lessing schreibt sogar *Jüngstesgericht*". Neben *aus Langerweile* steht heute allerdings genauso oft *aus Langeweile*: *Man liegt die ganze Zeit im Schlafsack, träumt von leckerem Essen und liest aus Langeweile die Beipackzettel der Medikamente* (Die Zeit 2004, IDS-Korpora). So auch *Grab des Hohepriesters* (Salzburger Nachrichten 1997, IDS-Korpora), *verfolgt von den Hohepriestern der kalvinistischen Orthodoxie* (Die Zeit 2004, IDS-Korpora).

Binnenflexion

   Weil *Apfeltorte* eine Torte bezeichnet und nicht einen Apfel, wird oft als Regel formuliert, dass auf das Determinans nicht attributivisch Bezug genommen werden dürfe; Bezug genommen werden dürfe nur auf das Determinatum: *Große Apfeltorte* bezeichnet eine große Torte, keine Torte mit großen Äpfeln. An diese Regel halten wir

Attribuierungen

uns aber offenbar nicht konsequent: Ein deutsches Wörterbuch ist zum Beispiel auch dann ein deutsches Wörterbuch, wenn das Buch in Spanien erarbeitet wird, und auf keinen Fall enthält es den spanischen Wortschatz. Unserer schnellen Auffassungsgabe wegen fallen uns auch die schwachen Verkehrszeiten nicht auf und wir gehen am heutigen Wahltag der Mitarbeiter unbeanstandet zur Wahl. Auffälligere und zum Teil künstliche, wortspielerische oder pädagogisch warnende Beispiele sind:

reitende Artilleriekaserne
vierstöckiger Hausbesitzer
Der Fußgänger hat sich in ihn geschossen
Hühneraufzucht und ihr Verkauf
rundes Geburtstagskind

So auch *Essigfabriken und Knopffabriken und saure Gurkenfabriken* (Kästner 1997: 58), *erneuerbares Energiegesetz* (Wahlarena 8.9.2005 im HR). Abramov 1992: 137ff findet die regelwidrigen Bezugnahmen immer dann akzeptabel, wenn bei Attribuierungen „das Adjektiv (zur Not) auch beim Grundwort Sinn hat": *christliche Kunstgeschichte*. Aus der Üblichkeit von Bezugnahmen wie in *tropische Waldtiere, deutsches Wörterbuch, christliche Kunstgeschichte* schließt Bergmann 1980: 249 sogar, dass „beide Möglichkeiten der Beziehung des Attributs auf das Grundwort und auch das Bestimmungswort den Wortbildungsregeln des Deutschen entsprechen. [...] Ein Grund für eine sprachkritische oder sprachpflegerische Verurteilung solcher Verbindungen ist insoweit nicht zu erkennen." Vgl. Pavlov 1972, Coulmas 1988, Meineke 1991, Fabricius Hansen 1993, Burkhardt 1999, Zifonun et al. 1999, Paul 1975: 338f, Barz 1996: 133.

Akzent   Der Hauptakzent liegt bei Determinativkomposita stets auf der linken Einheit: *Ápfeltorte, Kíndergarten.* Ausnahmen von dieser Regel zeigen mitunter Komposita, die mit komplexen Einheiten gebildet worden sind: *Schienenersátzverkehr.* Verbunden mit der Komposition „ist die zusammenfassende Aussprache der Bestandteile des Kompositums unter einem einzigen Klangbogen" (Meineke 1991: 28f).

Schreibung   Komposita werden wie alle Wörter grundsätzlich zusammengeschrieben. Bei der Komposition zeigen sich aber einige Besonderheiten und Extravaganzen.

_Exkurs: *Sesam Krokant Keks* **– Besonderheiten der Kompositaschreibung)**

Nicht erst in jüngster Zeit begegnen allenthalben – orthografisch kor-
rekte – Bindestrichschreibungen wie in *den kleinen Elfenbein-Elefanten aus Indien, die Nussschalen-Kette von Jamaika [...], die Perlmutter-Kette* (Krüss 1960: 32). Obligatorisch durch Bindestrich markiert werden Komposita mit Einzelbuchstaben (*x-beliebig*), mit Kurzwörtern (*UV-Strahlen*) und mit Ziffern (*100-prozentig*). Komposita mit solchen Einheiten sollen, wenn man sie weiter zusammensetzt, auch weiter durchgekoppelt werden (*UV-Strahlen-Gesetz*). Auch Kopulativkomposita (*deutsch-armenische Beziehungen*) sollen wir mit Bindestrich schreiben. Fakultativ kann nach Güthert 2006 der Bindestrich gesetzt werden:

(margin: Bindestrich-schreibung)

▶ **Zur Gliederung unübersichtlicher Komposita**: *Arbeiter-Unfallversicherung*, so auch *der Eisenfeilen-Schmerz in ihren Knien* (Kinder 1997: 23).
▶ **Zur Vermeidung von Missverständnissen**: *Druck-Erzeugnis* versus *Drucker-Zeugnis*, *Wachs-Tube* versus *Wach-Stube*.
▶ **Beim Zusammentreffen dreier gleicher Buchstaben**: *Kaffee-Extrakt*, *Auspuff-Flamme*.
▶ **Zur Hervorhebung einzelner Einheiten, etwa um eine Neumotivierung anzuzeigen**: *Ob modernisierter Reis oder neuartige Gerste: Strikte Kontrolle aller Umwelteinflüsse ist bei Gentechnik-Tests nur im Zucht-Haus möglich* (Geo 5/2000: 81).

Ebenfalls nicht erst in jüngster Zeit begegnen allenthalben – orthografisch korrekte, aber unentschlossene – Schreibungen wie *alle Schlupfwinkel der Leiden-schaffenden Unvernunft* (Marcuse 1964: 73). So auch *jener Sahara-sand-ähnlichen Schicht* (Calvin 2000: 50), *ein Mars-großer Körper* (Meissner 2004: 20).

(margin: Großschreibung bei Adjektivkomposita)

Seit den 90er Jahren wird mitunter die im Deutschen nicht übliche Binnengroßschreibung praktiziert: *BahnCard, InterRail, NaturRohstoffe, PostGiro, KopfHörer*. Sie dient vor allem der Hervorhebung einzelner Einheiten und der Sichtbarmachung von Neumotivierungen: *KopfHörer* ‚Hörer, der mit dem Kopf, mit dem Verstand hört'. Vgl. Baumgart 1992, Stein 1999.

(margin: Binnengroß-schreibung)

In jüngster Zeit verbreitet sich entgegen der geltenden Zusammenschreibregel vor allem bei Produktaufschriften eine – möglicherweise von angloamerikanischen Vorbildern wie *cake tin* oder *game park* inspirierte – Getrenntschreibung: *Der Sesam Krokant Keks wird ohne Milch- und Eiprodukte hergestellt* (Aufschrift auf Pauly-Vollkornkekspackung von neuform 1999), *Super Sommer Spar Menü* (Plakatwerbung McDonalds, August 1999), *Der Apfel Birnen Kürbis Mann* (Prestel-Bilderbuchtitel 1999), *Feine Marzipan Rohmasse* (Packungsaufschrift Schwartau 1999), *Nuss Nugat Creme* (Nutella 2006), *Frisch verpackt für knusprig-lockeren Erdnuss Flippies Knabberspaß* (Aufschrift funny frisch 2006). Ein Warnschild am Bauhaus Mannheim (2006) besagt *An der Gebäude Außenwand keine brennbaren Stoffe lagern* und

(margin: Getrennt-schreibung)

will dabei vermutlich nicht so poetisch sein wie Goethes orthografisch korrekter Gedichttitel *Meeres Stille* (*Tiefe Stille herrscht im Wasser, Todesstille fürchterlich*). Besonders auffällig ist die Getrenntschreibung bei Einheiten mit Fugenelement: *Feuchtigkeits Creme-Waschlotion* (Tubenaufschrift Dove 2006), *Reinigungs Annahme* (Ladenschild Mannheim 2006).

Ob sich diese Schreibungen längerfristig etablieren können, ist augenblicklich nicht auszumachen. Die Tendenz zu einem entspannten Umgang mit der Orthografie ist aber unverkennbar. Vgl. Poethe 2000b.

Die Komposition ist eine leicht handhabbare Wortbildungsart. Besonders der Wortschatz der Substantive, aber auch der der Adjektive wird durch Komposition erweitert. Die Komposition von Verben dagegen ist im Deutschen nur schwach vital.

determinative
Substantiv-
komposita

In Substantivkomposita können Wörter aller Wortarten, Phrasen, Konfixe und unikale Einheiten links ankombiniert werden. Die rechte Einheit ist der Righthand Head Rule gemäß immer ein Substantiv. Ausnahmen sind Komposita aus Konfixen.

determinative
Substantiv-
Substantiv-
Komposita

Die ältesten Substantivkomposita des Deutschen sind auf Genitivkonstruktionen zurückgehende Substantiv-Substantiv-Komposita wie *Gottesbote*. Vgl. Pavlov 2004. Der Substantiv-Substantiv-Typ ist auch heute noch der vorherrschende und unrestringierteste:

Länge der
Komposita

Das sehen wir unter anderem an der möglichen Länge der Komposita. So sind die legendären deutschen Extralangkomposita typischerweise Substantiv-Substantiv-Komposita: Das längste Wort im korpusbasierten Informationssystem des IDS (elexiko) ist das bürokratische *Verkehrswegeplanungsbeschleunigungsgesetz*. Übrigens bestehen in anderen Sprachen Extralangkomposita ebenfalls aus Substantiven: engl. *bathroom towel rack designer training course notes* ‚Badezimmerhandtuchhalterdesignertrainingskursnotizen‘, dän. *sporvognsskinneskildtskraberfagforening* ‚Straßenbahnschienenscheißekratzergewerkschaft‘, ungar. *névjegytartódobozfedél* ‚Visitenkartenbehälterschachteldeckel‘. Vgl. Trageser 1996, Donalies 2004. Wie August 2001 aber nachweist, werden Extralangkomposita – anders als bisweilen von Sprachpflegern beklagt – keineswegs im Übermaß und auch heute keineswegs häufiger als früher gebildet. Zu Recht nämlich lehnen Hörerleser extreme Komposita wie das ebenfalls bürokratische und daher sowieso nicht besonders sympathische *Rinderkennzeichnungs- und Rindfleischetikettierungsüberwachungsaufgabengesetz* ab. Allerdings vergnügen sie sich auch gerne mit witzig Gemeintem wie der folgenden Geschichte, die ich von meinem früheren Direktor habe, der sie von einem Nachbarn hat, der sie wir-wissen-nicht-woher hat:

Ich habe von einer Frau gehört. Die hieß Barbara. Und war weit über die Grenzen ihres Dorfes für ihren Rhabarberkuchen bekannt. Deshalb wurde sie überall nur die Rhabarberbarbara genannt. Rhabarberbarbara verkaufte den Rhabarberkuchen in ihrer Rhabarberbarbarabar. Dort gingen drei Barbaren aus und ein. Die Rhabarberbarbarabarbarbaren hatten, wie sich das für Barbaren gehört, ellenlange dichte Bärte. Um ihre Rhabarberbarbarabarbarbarenbärte stutzen zu lassen, gingen die Rhabarberbarbarabarbarbaren zum Barbier. Der Rhabarberbarbarabarbarbarenbärtebarbier mochte übrigens Barbaras Rhabarberkuchen auch ganz gerne. Weshalb sie sich immer mal wieder in der Barbarabar trafen, der *Rhabarberbarbarabarbarbarenbärtebarbier* *und die finstren Rhabarberbarbarabarbarbaren.*

Eine ähnliche Geschichte kolportiert Adamzik 2004: 148 mit einem *Beutelrattenlattengitterkotterhottentottenstottertrottelmutterattentäter.* Sportiv um die Wette werden besonders Langwörter um den legendären Donaudampfschifffahrtskapitän herum gebildet, etwa:

Donaudampfschifffahrtsgesellschaftskapitänswitwe

So auch *Llanfairpwilgwyngyllgogerychwyrndrobwilllantysiliogogogoch heißt ein Bahnhof in Wales. „Mit 58 Buchstaben ist es das längste Wort der Welt", triumphieren die Engländer. Wir Österreicher kontern nun mit 69 Buchstaben:* *Donaudampfschifffahrtsgesellschaftskapitänskajütentürschlossschlüssel.* *Und unser Wort ist auch leichter auszusprechen! (Kleine Zeitung 1999, IDS-Korpora), Die in Österreich und Deutschland gleichermaßen verbreitete Suche nach dem längsten aller Worte ist in Wien kürzlich um eine ironische Antwort bereichert worden: Donaudampfschifffahrtsgesellschaftskapitänskündigung. Den knapp 140 Angestellten der DDSG-Donaureisen könnte nämlich noch im Juni die Entlassung ins Haus flattern, falls sich in letzter Sekunde nicht noch ein Käufer für das Staatsunternehmen finden sollte. Doch hohe Gehälter und Pensionslasten machen die DDSG in ihrer jetzigen Struktur für Kaufinteressenten wenig attraktiv (Die Zeit 1995, IDS-Korpora).* Natürlich ist all das leicht zu toppen:

Donaudampfschifffahrtsgesellschaftskapitänswitwenverein
Donaudampfschifffahrtsgesellschaftskapitänswitwenvereinskasse
Donaudampfschifffahrtsgesellschaftskapitänswitwenvereinskassenwart...

Ein Indiz für die freizügige Anwendung einer Wortbildungsart ist auch, dass sich viele Okkasionalismen finden. Langkomposita wie der sportive *Donaudampfschifffahrtsgesellschaftskapitänswitwenvereinskas-*

Okkasionalismen

senwart sind gute Beispiele dafür. Aber auch *der Gemütskatastrophenmensch* (FAZ 1993, IDS-Korpora), *Thailands Tiger-Traum* (Frankfurter Rundschau 1997, IDS-Korpora), *die Lichter im Haus meiner Moped-Sozius-Liebe* (Taz 2000, IDS-Korpora), *eine wundersame Liebeserklärungsblume* (Berliner Zeitung 2000, IDS-Korpora). Eine Vierjährige nennt „eine Schnecke, die sie zusammen mit Bauernkindern gefunden hat", *Bauernschnecke* (Stern 1965: 397). Vgl. Clahsen et al. 1995, Symann 1995, Keßler 1997.

semantische Möglichkeiten

Ein Indiz für die freizügige Anwendung deutscher Komposition aus Substantiven ist schließlich, dass Substantiv-Substantiv-Komposita das Vielfältigste bedeuten können. Während die semantischen Möglichkeiten von Komposita mit anderen Einheiten nur zurückhaltend genutzt werden, werden die Möglichkeiten der Substantiv-Substantiv-Komposition aufs kreativste ausgeschöpft. So werden etwa Vergleiche thematisiert – ein unendliches Potenzial. Vgl. Thurmair 2000.

> *Buntbären, die: Zamonische Sonderform aus der Familie landbewohnender Allesfresser mit dichter Fellbehaarung (Ursidae); kräftige, bis zu zwei Meter große Säugetiere mit Sprachbegabung. Das Einzigartige an den Buntbären ist ihre farbliche Individualität. Jeder Buntbär trägt ein farbiges Fell, aber keines ist von gleicher Färbung. Es gibt zum Beispiel zahlreiche rote Buntbären, aber jeder trägt eine eigene Variation der Farbe Rot: Ziegelrot, Kupferfarben, Zinnober-, Scharlach-, Mahagoni- oder Klatschmohnrot, Purpur, Karmesin, Bronzefarben, Rosa, Rubin oder Flamingorot. Es gibt Gelbabstufungen von Zitronengelb über Dottergelb bis Tieforange, man unterscheidet Strohgelb, Sonnengelb, Lichtgelb, Blond, Hellblond, Wasserstoffblond, Dunkelblond, Honiggelb, Bananengelb, Buttergelb, Goldgelb, Bernsteingelb, Schwefelgelb, Maisgelb, Blondgelb, Gelbblond, Kanariengelb, Quittengelb, Nattifftoffengelb, Zitronengrasgelb, Venedigergelb, Hellgelb, Dunkelgelb und natürlich Gelb.*

(Moers 2002: 690f)

Rektionskomposita

Häufig durch Substantiv-Substantiv-Komposita versprachlicht werden auch Begriffe mit Materialbestimmungen: *Holzhaus, Marmorstufen, Samtvorhang, Zuckerhut.* Ein Salzfass ist aber üblicherweise nicht aus Salz und auch eine Kaffeemühle besteht nicht aus Kaffee, sondern ist eher eine Holzmühle. Wen das verwirrt, der kann sich am eindeutigeren Typ des Rektionskompositums freuen, bei dem „eine morphologisch strukturelle Präferenz für die Bedeutungszuweisung besteht" (Eisenberg 2004: 230).

_Exkurs: *Frauenkenner* – Analyse von Rektionskomposita)

Rektionskomposita sind Determinativkomposita mit einer bestimmten Relation zwischen linker und rechter Einheit, nämlich der rektionalen Relation. Typische Rektionskomposita sind

Frauenkenner
Romanleser
Konfliktbewältigung
Wetterbeobachtung

Unter Rektion (von lat. *regere* ‚leiten, beherrschen') versteht man die syntaktische Abhängigkeit eines Wortes von einem anderen: So regiert *kennen* den Akkusativ, indem *kennen* steuert, dass sein Objekt im Akkusativ steht: *er kennt die Frauen.* Werden Verben zu Substantiven abgeleitet, vererben sie diese Rektion an das Substantiv: *Kenner der Frauen.* Rektionskomposita bestehen aus einem solchen semantisch sättigungsfähigen, sättigungsbedürftigen Substantiv als rechter Einheit (*Kenner*) und einer determinierenden linken Einheit, die den Argumenten der zugrundeliegenden Verben entsprechen (*Frauen*). Die Argumentstruktur bleibt im Wesentlichen erhalten.

Olsen 1986: 71 rechnet zu den Rektionskomposita außerdem Substantivkomposita wie *Juwelendieb* und *Professorensohn*, weil die rechten Einheiten eine „inhärente Relationalität" haben und deshalb eine Rektionslesart nahelegen.

Substantiv-Substantiv-Komposita sind die prototypischen Komposita des Deutschen schlechthin. In romanischen Sprachen dagegen gibt es nur selten determinative Substantiv-Substantiv-Komposita wie frz. *café-filtre.* Zur Versprachlichung von Begriffen werden eher Phrasen aus zwei Substantiven und einer Präposition dazwischen gebildet: frz. *pomme de terre*, wörtlich ‚Apfel von der Erde', also ‚Erdapfel, Kartoffel'. Das oppositioniert uns auch ein Text sehr schön, in dem ein Restaurantbesuch mit dem Bestsellerautor Frank Schätzing so beschrieben wird:

Deutsche Substantiv-Substantiv-Komposita im Sprachvergleich

> *„Das sieht ja Hammer aus", sagt Schätzing und meint nicht den skurrilen Teppichboden des Restaurants, den er kurz darauf als „psychopathisch" beschreibt, sondern die Vorspeise: Thunfischtatar mit geräucherter Perlhuhnbrust, Raviolo mit Thunfischcreme, Salat von Kartoffeln – man könnte auch Kartoffelsalat sagen.....*

(essen & trinken 5/2005: 79)

Der Salat von Kartoffeln ist natürlich eine küchenfrankophile Verbeugung vor dem französischen *salade de pomme de terre*. Auch spanische Sprecherschreiber sagen *ensalada de patatas*, portugiesische sagen *salada de potata*. Das ist im Deutschen zwar möglich, aber nicht üblich. Deutsche Sprecherschreiber sagen zwar mitunter *Faden der Ariadne* und *Schwert des Damokles*, aber lieber noch *Ariadnefaden* und *Damoklesschwert*.

In slawischen Sprachen wie dem Polnischen oder Russischen kommen ebenfalls Präpositionalphrasen vor (poln. *sałatka z kartofli*), meist werden aber Phrasen aus einem Adjektiv und einem Substantiv gebildet: russ. *kartofelnjij salat*, slovak. *zemiakový salát*, wörtlich ‚kartoffelner Salat'. In slawischen Sprachen können nämlich Adjektive nahezu unbeschränkt aus Substantiven abgeleitet werden. Anders als im Deutschen gibt es dort eine arbeiterliche Partei und eben auch einen kartoffelnen Salat. Das ist im Deutschen nicht üblich, obwohl im Prinzip durchaus Materialsubstantive zu Adjektiven abgeleitet werden können: *marmorne Statue, samtener Vorhang*.

determinative Adjektiv-Substantiv-Komposita Adjektiv-Substantiv-Komposita können als linke Einheiten alle Arten von Adjektiven nehmen: Gleichermaßen genutzt werden einsilbige und mehrsilbige Adjektive (*bunt, mager*), simplizische und komplexe Adjektive (*bunt, endlos, schwarzweiß*) sowie einheimische und entlehnte Adjektive (*mager, soft*). Aussagen zur Vitalität und Gebräuchlichkeit lassen sich immer nur für einzelne Adjektive treffen; mitunter sind aber Tendenzen erkennbar: So werden üblicherweise Adjektive mit den Suffixen *-bar, -lich, -ig* nicht als linke Einheiten verwendet; mehr oder weniger auffällige Okkasionalismen lassen sich aber immer belegen: *Die Vorteile der Unendlich-Optik* (Mannheimer Morgen 1986, IDS-Korpora), *Gutbürgerlichküche* (Taz 1991, IDS-Korpora).

Typische Adjektiv-Substantiv-Komposita sind

Buntpapier
Endlospapier
Magermilch
Schwarzweißfernseher
Softeis

Okkasionalismen Die adjektivischen Einheiten dieser Komposita werden jedoch keineswegs allgemein frei zur Komposition herangezogen, auffällig sind zum Beispiel *Buntkleid, Magerwurst, Schwarzweißschlips, Süßcreme*. So auch *ein Bewohner des Offenlandes* (Reichholf 1997: 43), *Grünkohl – ne-*

ben dem Brokkoli der Gesundkohl (elle bistro 2/1997: 48), *Seine Augen zeugten immer noch von Ehrlichkeit. Gegen die Angst in ihnen konnte er nichts machen, auch wenn er seine übrigen Gesichtszüge hinter einem visionären Falschgesicht versteckte* (Barth 2005: 245), *Aus dem* Speiübelgesicht, *das Sie bekommen haben, schließe ich, dass Sie diese Enthüllung überrascht* (Zafón 2003: 209), *warum um Himmels willen jeder Alternativmensch auf einmal die (leider nicht so guten) Fußballer von Jamaika mag* (Berliner Morgenpost 1998, IDS-Korpora), *das Volkswagen-Sorglos-Paket* (Plakatwerbung, August 2006).

Alternativ zu suffigierten Adjektiven werden der Einfachheit halber meist die zugrundeliegenden Substantive verwendet: So sagen wir *Demutsgeste* und nicht *Demütiggeste*, *Pflanzenkost* und nicht *Pflanzlichkost*, *Sonnenwetter* und nicht *Sonnigwetter*, *Steinskulptur* und nicht *Steinernskulptur*.

Entlehnte Adjektiveinheiten treten mitunter als systematische wortbildungsspezifische Varianten zu den frei vorkommenden Formen auf: *Spezialverfahren* versus *spezielles Verfahren*, so auch *Eventualfall, Individualverkehr, Sexualverhalten*. wortbildungs-
spezifische
Varianten

Semantisch gesehen sind alle Adjektiv-Substantiv-Komposita nach dem gleichen vagen Muster gebildet; das Adjektiv attribuiert das Substantiv genauso wie in Substantivphrasen: semantische
Möglichkeiten

> *Buntpapier = buntes Papier*

So auch *Alternativmedizin, Billigmedikament, Dickmilch, Doppelkinn, Einfachlösung, Flachdach, Elementarerlebnis, Endlosmonolog.* Auch wenn durch die Komposition immer ein spezieller Effekt erreicht wird, entsprechen Phrasen und Komposita einander; das Determinans bestimmt das Determinatum hinsichtlich seiner charakteristischen Eigenschaft: *Halbliterflasche mit Weithals* (elle bistro 3/1998: 14) bezeichnet eine Halbliterflasche mit weitem Hals.

Nur wenige Adjektiv-Substantiv-Komposita gehören auf den ersten Blick nicht diesem Attributmuster an. So können wir *Akutbett* nicht unmittelbar als ,akutes Bett' beschreiben. In der Forschungsliteratur werden solche Komposita daher mitunter als Klammerformen von den üblichen Determinativkomposita abgegrenzt. Klammerformen

Exkurs: *Akutbett* **– Klammerformen)**

Als Klammerformen werden bisweilen substantivische Determinativkomposita wie *Akutbett* und *Bierdeckel* definiert, deren Bedeutung sich nach Vorstellung der Klammerformhypothetiker nicht aus den beiden

Einheiten ermitteln lässt. Vielmehr soll die linke Einheit (*akut, Bier*) erst zweiteilig Sinn machen (*Akutfall, Bierglas*); der zweite Teil der linken Einheit (*Fall, Glas*) soll dann aber aus sprachökonomischen Gründen weggefallen sein:

$$Akut(1)bett(2) = Akutfall(1)bett(2)$$

Wegen dieses Wegfalls sehen Fleischer/Barz 1995 Klammerformen als eine Art Kurzwörter. Bellmann 1980, nach Fleischer/Barz 1995: 220, nennt sie „reduzierte Trikomposita"; Plank 1981: 125 nennt sie elliptisch (von lat. *ellipsis* ‚das Auslassen'). Als typische Klammerformen gelten:

Bier(glas)deckel
Betriebs(wirtschafts)lehre
Fern(melde)amt
Kokos(nuss)butter
Füll(feder)halter
Tank(stellen)wart
Haus(tür)schlüssel

Zunächst fällt auf, dass gar nicht immer so eindeutig zu klären ist, wie die fehlende Einheit denn nun genau lauten soll. Hieß es in der vorhandy-schen Geschichte *Fern(melde)-* oder *Fern(sprech)amt*? Und warum soll es nicht *Bierhumpendeckel* heißen? Zudem müssten eigentlich zur genauen Erklärung noch viel mehr als die in der Forschungsliteratur angegebenen Einschübe angenommen werden: So ist *Akutbett* ja nicht unbedingt voll-ständig durch *Akutfallbett* erklärt, strenggenommen müsste angegeben werden, dass es sich bei *Akutbett* um eine Kürzung aus *Akutfallklinikbett* handelt. Oder *Akutfallkrankenhausbett*. Oder *Akutfallgemeinschaftsärztehaus-bett*. Und wer soll drin liegen? Ist es ein *Akutfallklinikpatienten- und patien-tinnenbett*? Auch stünden gleich viel mehr, wenn nicht sogar alle Deter-minativkomposita unter Klammerformverdacht: So bezeichnet *Apfeltorte* eine Torte, die mit Äpfeln belegt ist, *Rotbuche* bezeichnet eine Buche, die rotes Laub hat. Niemand muss aber deshalb *Apfelbelagtorte* oder *Rotlaub-buche* sagen. Offenbar brauchen wir nämlich gar nicht so viel Explizie-rung. Wie schon Heringer 1984 bewusst gemacht hat, ist es im Deutschen regulär möglich, Bedeutungsbeziehungen zwischen Kompositaeinheiten vage zu lassen. Durch Komposition wird lediglich eine Beziehung zwi-schen den Einheiten hergestellt, die uns signalisiert, dass das eine mit dem anderen zu tun hat. Ein Akutbett hat eben mit Akutem zu tun und ein Bierdeckel mit Bier.

Zusammen-bildung   Keine Adjektiv-Substantiv-Komposita, sondern Kombinationen mit Phrasen sind Wortbildungsprodukte des Typs *Dickhäuter* und *Lang-schläfer*. Sie werden unter dem Terminus Zusammenbildung disku-tiert.

_Exkurs: *Dickhäuter, Appetithemmer* – **Zusammenbildung)**

Unter Zusammenbildung, einem „von W. Henzen 1965, H. Pauls Anregung folgend, eingeführten Begriff" (Bzdęga 1999: 13), wird eine verhältnismäßig vitale Wortbildungsart verstanden, mit der vor allem Substantive und Adjektive wie *Dickhäuter, Appetithemmer* oder *viertürig* gebildet werden. Wir können sie ganz verschieden analysieren und zuordnen.

Mit Fleischer/Barz 1995: 46f können wir Wörter wie *Dickhäuter, Appetithemmer* und *viertürig* als Kombinationen aus Phrase und Wortbildungsaffix verstehen. Gegen diese Analyse spricht jedoch, dass bei einigen dieser Wörter die zugrundeliegende Phrase „nicht einer frei auftretenden (syntaktischen) Wortgruppe entspricht" (Leser 1990: 30). So läge etwa *Grablegung* die Phrase *ins Grab legen* zugrunde; die mit dem Artikel verschliffene Präposition *ins* würde also wegfallen. Bei Wörtern aus und mit Phrasen wird die Phrase normalerweise aber nicht um einzelne Wortbestandteile gekürzt (*ihr Das-darf-doch-nicht-wahr-sein-Augenaufschlag, ein Für-alle-Fälle*). *(den Appetit hemmen + -er)*

Mit Eisenberg 1998: 222 können wir Wörter wie *Appetithemmer, Dickhäuter* und *viertürig* als Sonderfall der Komposition betrachten. Solche Wörter sind insofern Sonderfälle, als ihre rechten Einheiten keine üblichen Wörter sind: **Häuter, *Hemmer, *türig*. Komposita sollten aber per definitionem aus üblichen, frei in Texten vorkommenden Wörtern bestehen. Dagegen analysiert Leser 1990 in Analogie zu den englischen synthetic compounds Wortbildungsprodukte wie *Appetithemmer, Dickhäuter* und *viertürig* generell als ganz normale Determinativkomposita. Dass die zweiten Einheiten üblicherweise nicht vorkommen, begründet er damit, dass sie eine semantische Spezifizierung verlangen. So verlangt *Hemmer* im Prinzip ebenso wie das Verb *hemmen* eine Spezifizierung dessen, was gehemmt wird: *Hemmer des Appetits*. Dieses Phänomen ist in der Linguistik als Argumentvererbung oder argument-linking principle bekannt. Vgl. Rickheit 1993, Welke 1995b, Golonka 1998, Stiebels 2000, Szigeti 2002. Die vom Verb geerbten Argumente sind aber in der Regel fakultativ: So braucht *begehen* obligatorisch einen Akkusativ (*die Kommision begeht das Institut*, nicht **die Kommission begeht*), *Begehung* braucht kein Argument (*die Begehung ist vorbei*), kann es aber auch übernehmen (*die Begehung des Instituts*). Bei rechten Einheiten wie *Hemmer* geht Leser 1990 davon aus, dass sie wie das Verb ein Argument fordern. *(Appetit + Hemmer)*

Auch Einheiten wie *türig, beinig, armig, äugig, rädrig* benötigen seiner Hypothese zufolge in Normalkontexten eine Spezifizierung; sie sind für sich genommen semantisch sinnlos: Dass Autos Türen und Menschen Beine haben, müssen wir normalerweise ja nicht eigens ausdrücken. Nur in manchen Kontexten ist derlei kommunikationsrelevant, etwa hier: *Die Redensart, der Mensch sei „mündig", ist heutzutage falsch, denn kein Mensch, der vor dem Radio oder dem TV sitzt und von diesen Geräten abhängt, macht seinen Mund auf. Wir sind „äugige" und „ohrige" und nicht mündige Wesen* (Abschriften zum Bereich Umwelt 1986, IDS-Korpora), *Die häutige Manschette* ist meistens, aber eben nicht immer deutlich längsgerieft und weiß (www.pilz-freunde.de/html/pilzratsel.html). Allgemein kommunikationsrelevanter ist, wie viele Türen ein Auto (zwei oder vier) und wie beschaffene Beine ein Mensch hat (kurze oder krumme).

Während nun aber *Appetithemmer* ein übliches Rektionskompositum ist (*Hemmer des Appetits*), trifft dies auf Wörter des Typs *Dickhäuter* und *viertürig* nicht zu. Hier bestimmt ja die linke Einheit keineswegs die rechte (**dicker Häuter*), vielmehr wird das Substantiv der rechten Einheit (*Haut, Tür*) determiniert: *dicke Haut, vier Türen*. So auch *war A. weichbeinig zur Theke gegangen* (Broch 1974: 160), *weißzahnig lachend eine Zigeunerin* (Rezzori 1999: 382). Insofern ist es stimmiger, solche Wortbildungsprodukte als Kombinationen aus Phrase und Affix zu analysieren: *dicke Haut + -er.* Vgl. Donalies 2001.

Appetit +
Hemmer versus
dicke Haut + -er

Daraus ergibt sich, dass eine eigene Kategorie Zusammenbildung nicht benötigt wird; die fraglichen Wortbildungsprodukte sind:

▶ **Kombinationen aus frei vorkommenden Wörtern**, deren freies Vorkommen mitunter argumenterblich beschränkt wird: *Appetithemmer, Vogelscheuche.* Komposita dieses Typs haben in der Regel eine substantivische linke Einheit. Für Lesers Kompositionshypothese spricht übrigens auch, dass das kompositionstypische Fugen-*s*- erscheint: *Frühlingsblüher* (Schenk 1998: 100).

▶ **Kombinationen aus Phrasen:** *Dickhäuter, Schwarzseher, Langschläfer, viertürig, blauäugig.* Wörter dieses Typs enthalten im Gegensatz zu den Komposita des Typs *Appetithemmer* ein Adjektiv, das anders als adjektivische linke Einheiten in Determinativkomposita wie *Sauerkraut* nicht die rechte Einheit näher bestimmt: Sauerkraut ist saures Kraut, ein Langschläfer aber kein langer Schläfer.

determinative
Verb-Substantiv-
Komposita

Die Verb-Substantiv-Komposition ist viel weniger restringiert als die Adjektiv-Substantiv-Komposition. Verwendet werden alle Typen von Verbstämmen, und zwar gleichermaßen einsilbige und mehrsilbige (*bind-, mogel-*), simplizische und komplexe (*bind-, rasier-, spritzgieß-*) sowie einheimische und entlehnte (*bind-, talk-*).

Typische Verb-Substantiv-Komposita sind

Bindfaden
Mogelpackung
Spritzgießmethode
Rasierspiegel
Talkrunde

Okkasionalismen

Auch hier finden sich viele Okkasionalismen: *mit seinen schönen Schmachtaugen* (Broch 1974: 102), *mit geschultertem Setzspaten* (Lenz

1995: 44), *Wirft Knüllpapier in das Ofenloch* (Hahnfeld 1996: 163), *„Ich bin ein* Denkmensch, *der alles genau beobachtet und bedenkt"*, *sagt Linda, der es viel bedeutet, in „so einem kleinen, grossen Büchlein zu stehen"* (St. Galler Tagblatt 2000, IDS-Korpora).

Auch Präfixverben (*begehen*) und Präverbfügungen (*vorgehen*) finden sich sehr viel zahlreicher, als dies in der Literatur häufig dargestellt wird. Etabliert sind *Abbeizmittel, Anmeldepflicht, Auffahrunfall, Ausgehuniform,* Bedenkzeit, *Begleitbuch, Einfüllstutzen, Fernsehprogramm, Radfahrweg, Rechtschreibübung, Umhängebeutel, Überziehpullover, Verladearbeiten, Verschnaufpause,* Wegwerfgesellschaft, *Wohlfühlwetter, Zugehfrau, Zuschneideapparat.* So auch okkasionell *Umrührkakao* (Beispiel von Stern 1965: 396), *als ich Anmachholz hackte* (Aiken 1995: 39), *Bezahl-Tv* (Die Woche 7.8.1998: 19), *Heiligabend gibt's Würstchen mit Kartoffelsalat, am ersten Feiertag Pute. Ehemann Michael hält mit Süßem dagegen – mit einem* Apfelverschwindekuchen: *Beim Backen versinken die Äpfel im Teig* (Mannheimer Morgen 2001, IDS-Korpora), *welche Zufälle und nichtssagenden Gelegenheiten ihn in die Lausch- und* Aushorchmaschinerie *hineinziehen können* (Vorarlberger Nachrichten 1997, IDS-Korpora). Alternativ dazu sind aber häufig auch die vom Präfixverb abgeleiteten Substantive etabliert: *Begehungstermin* und nicht *Begehtermin*, so auch *Besteuerungspflicht, Einladungsschreiben, Übungsbuch, Verständnisfrage, Verstehensbereitschaft* (Die Zeit 1996, IDS-Korpora). Komposita wie im folgenden Beleg sind auffällig: *Das Verstehverhältnis ihrerseits sei „so 50 zu 50 in etwa", sagt Herr Wang* (Taz 1997, IDS-Korpora).

Bei einigen substantivischen Komposita ist nicht klar entscheidbar, ob sie mit einem Verb oder einem Substantiv zusammengesetzt sind. Ein Butterfass zum Beispiel ist ein Fass, in dem man buttert, oder es ist ein Fass, in dem Butter hergestellt wird. So auch *Hamsterfahrt, Zeltplatz.*

Bei der substantivischen Komposition mit Verben werden überwiegend Verbstämme herangezogen wie *bind-* in *Bindfaden*. Ausnahmen sind die finiten Formen einiger Modal- und Kopulaverben: *Kann-Bestimmung, Muss-Vorgaben, Ist-Zustand.* So auch *Heute sind die Anforderungen klar strukturiert, wobei zwischen sogenannten Muß-, Soll- und Kann-Anforderungen unterschieden wird* (Die Presse 1991, IDS-Korpora).

Bei Verben wie *rechnen* und *zeichnen* werden als linke Einheiten die kompositionsspezifischen Varianten *rechen-* und *zeichen-* verwendet: *Rechenaufgaben, Zeichentisch.*

Auch semantisch gesehen sind Verb-Substantiv-Komposita deutlich vielfältiger als Adjektiv-Substantiv-Komposita. Die Verb-Substan-

Präfixverben und Präverbfügungen als linke Einheiten

kompositions- spezifische Varianten

semantische Möglichkeiten

tiv-Komposition lässt verschiedene Muster zu, die sich aus der Aus-richtung der vom Verb bezeichneten Tätigkeit ergeben. So ist ein Tanzbär ein Bär, der tanzt, ein Tanzstück ist ein (Theater)Stück, das getanzt wird, und ein Tanzsaal ein Saal, in dem getanzt wird.

determinative
Konfix-Substantiv-
Komposita

Als gebundene Einheiten sind Konfixe eingeschränkt. Bei weitem nicht alle Konfixe können mit Substantiven kombiniert werden: So gibt es zahlreiche Konfixe, die ausschließlich mit Suffixen kombiniert werden: *fanat-, faszin-, ident-, neg-, nomin-, postul-, präfer-, oper-, suggest-, toler-, veget-.* Nur wenige Konfixe dieses Typs werden überhaupt zur Komposition verwendet: *invest-* in *Investangebot, Investbank.* Andere Konfixe wie *anthrop-, bio-, geo-, therm-* werden relativ unbeschränkt mit Substantiven zusammengesetzt: *Biojoghurt, Geophysik, Hydrokultur, Öko-freak, Thermojacke.* So auch *Anthropo-Seminare* (Taz 1994, IDS-Korpora).

determinative
Konfix-Konfix-
Komposita

Konfixe werden auch häufig als genusmarkierte rechte Einheiten zur Bildung von substantivischen Komposita verwendet: *Anthropo-soph, Aquadrom, Astronaut, Biograf, Chronometer, Genozid.* Hier finden sich auch Okkasionalismen wie *steht es nun jedem Cybernaut offen, in einen Raum einzudringen, den das Hirn als real analysiert* (Taz 1990, IDS-Korpora). Substantivisch markierte Konfixe können sich außer mit Konfixen auch mit Wörtern verbinden, vor allem mit Substantiven und Verben wie in *königlicher Schnorrosoph* (Taz 1991, IDS-Korpora), *ein „Satzomat" erlaubt spaßige Nonsens-Formulierungen* (Spiegel 1994, IDS-Korpora), *Karin Struck, die Sprachschöpferin des „Babycaust"* (Die Zeit 1995, IDS-Korpora), *Wer einrückte, musste in vorderster Linie Schüt-zengräben ausheben [...] wobei zuerst die Intellektuellen und Angehörigen qualifizierter Berufe erfasst wurden – was man zu Recht als „Elitozid" be-zeichnet* (Taz 1995, IDS-Korpora).

determinative
Phrase-
Substantiv-
Komposita

Ganz unbeschränkt können Substantive mit Phrasen zusammen-gesetzt werden. Typische Phrase-Substantiv-Komposita sind:

Fünf-Gänge-Menü
Möchtegerncasanova

Es kommen ganze Sätze vor: *ihr Was-soll-das-denn-heißen-Geschrei.* So auch *das Ich-hab-da-dieses-Mädchen-kennengelernt-und-neun-Monate-spä-ter-war-ich-Vater-so-kanns-kommen-Stück* (Taz 1999, IDS-Korpora). Und es kommen Substantivphrasen vor: *Grüne-Bohnen-Eintopf.* Unendlich belegbar sind Komposita mit Mengen-, Dimensions-, Wert und Zeit-angaben: *10-Liter-Kanister, 10-Zentner-Bombe, 100-Quadratmeter-Grund-stück, Zehn-Uhr-Nachrichten, Fünf-Gänge-Dinner, Hundert-Betten-Hotel, Hundertmarkschein.*

Außerdem kommen Verbphrasen vor: *Palettenstapelmaschine, Radio-repariermethode*, Adjektivphrasen: *Noch-nicht-ganz-Hochzeit*, Adverbphrasen: *Immer-noch-Kanzler*, Präpositionalphrasen: *Ohne-mich-Haltung*, sowie Partikelkombinationen: *sein unverschämtes Wohl-kaum-Gehabe* und Mischformen: *Ihr globales-Kunden-Mitarbeiter-Lieferanten-Partner-Intra-Extra-Inter-Cross-Plattform-das-hier-ist-alles-viel-zu-kompliziert-eBusiness* (Anzeige von Novell im Spiegel 41/2000: 130).

Okkasionalismen sind Legion: *mit diesem Ich-mach-aus-dir-Hackfleisch-Blick* (Spiegel 1994, IDS-Korpora), *das „Vorne-hui-hinten-egal"-Konzept* (Allegra 5/1995: 13), *Immer-schon-Fans* (Taz 1995, IDS-Korpora), *seit seinem Übernacht-Erfolg* (Cinema 10/1996: 28), *Augen-zu-und-durch-Politik* (Die Zeit 1997, IDS-Korpora), *Damals bin ich ihm nicht auf seinen Gutundehrlichleim gekrochen* (Demski 1999: 11).

Semantisch gesehen gibt es drei Haupttypen: Bei Komposita wie *eine Was-soll-denn-das-bedeuten-Frage* oder *Immer-feste-druff-Manier*, *„na-und"-Mentalität* haben die Phrasen Zitatcharakter, das Substantiv bezeichnet eine Äußerungsform, eine Haltung. Bei Komposita wie *Fünf-Gänge-Menü, Hundertmarkschein* werden Angaben zu Mengen und Ähnlichem gemacht. Eine Besonderheit sind Komposita wie *Vater-Tochter-Beziehung, Ost-West-Vertrag*: Die linken Einheiten solcher Komposita können nämlich nicht als Komposita verstanden werden (*das *Vater-Tochter, ein *Ost-West*), sind aber auch keine Phrasen im eigentlichen Sinne (**Vater Tochter*), sondern bestehen aus zwei gleichwertigen Phrasenteilen, die eigens für die Bildung eines Kompositums miteinander in Verbindung gebracht werden: *Vater-Tochter-Beziehung* ‚Beziehung zwischen Vater und Tochter'. Außer der ‚zwischen'-Relation wird mitunter auch eine ‚von-bis'-Relation ausgedrückt: *Barsche unter der Maul-Schwanzende-Länge von zweiunddreißig [...] Zentimetern* (Späth 1988: 23). Vgl. Wilss 1993.

Als linke Einheiten werden zur substantivischen Komposition außer Substantiven, Adjektiven, Verben, Konfixen und Phrasen noch weitere Einheiten herangezogen, vor allem Adverbien: *Abwärtstrend, Alleinanspruch, Beinahe-Unfall, Jetztzeit, Quasifreispruch, Sofortmaßnahme*. Auch hier kommen auffällige Okkasionalismen vor wie *Immersäufer höhnten aus dem Gasthausfenster* (Strittmatter 1992: 34), *Die [...] Finanzstruktur aus Bund, Berliner Senat, Immer-ARD und Gelegentlich-ZDF bröckelte* (Taz 1996, IDS-Korpora), *Mehr- und Dennoch-Liebe* (Taz 1986, IDS-Korpora), *Aber wenn es zu so heiklen Darf-ich-oder-nicht-Fragen kommt, ist ein Tier plötzlich doch nur ein Tier, wohingegen es sonst durchaus den Rang eines Fast-Menschen einnehmen darf* (Berliner-Zeitung 2002, IDS-Korpora).

Margin notes:

Okkasionalismen

semantische Möglichkeiten

determinative Substantivkomposita mit sonstigen Einheiten

Auch Präpositionen sind häufig: *Beiprogramm, Mitbruder, Neben-schauplatz, Nachdichtung, Vordach, Zwischenkommentar.* Präpositionen determinieren das vom Substantiv Bezeichnete präpositionsge-mäß räumlich (*Vordach*) und zeitlich (*Vorspiel*). Außerdem kommen Partikeln vor, vor allem Fokuspartikeln, so die Negationspartikel *nicht: Die Sieger sind die Geschlagenen, und die Nicht-Sieger bestimmen den Lauf der Welt* (Broch 1974: 155), *beim Übergang vom Nichtkrieg zum Frieden* (Faz 1995, IDS-Korpora), *verkörperte Russland das Nicht-europa des Despotismus* (Die Zeit 1996, IDS-Korpora) sowie die Parti-keln *auch* und *nur: der ehrfürchtige junge Auch-Dichter* (Die Zeit 1995, IDS-Korpora), *Nurhausfrau.* Es kommen Pronomina vor, darunter Personal-, vor allem Sprecherpronomina: *Ich-Kult, Wir-Gefühl,* so-wie sogenannte w-Pronomina: *Was-Frage.* Ausgesprochen selten und daher auffällig sind Possessivpronomina: *indem ich nur meinen Ich- und Mein-Gefühlen Rechnung trug* (Thomas Mann 1940, IDS-Kor-pora). Schließlich können Konjunktoren, Subjunktoren, Interjek-tionen und Artikel mit Substantiven kombiniert werden: *Dass-Satz, Aha-Erlebnis, Buh-Rufe, Wow-Stimmung, ein Der-Anschluss im Relativ-satz.*

Viele dieser Einheiten haben Zitatcharakter, so in den Komposita mit w-Pronomina, Konjunktoren, Subjunktoren, Interjektionen und Partikeln. Diese Einheiten werden metasprachlich verwendet: So be-zeichnet *Dass-Satz* einen Satz mit einem *dass.*

Außerdem werden zur nominalen Komposition Buchstaben ver-wendet: *B-Movie, O-Beine.* Nicht hierher, sondern zur Kurzwortbil-dung gehören Wörter wie *A-Bombe, O-Saft, U-Bahn*; die linken Ein-heiten dieser Wörter sind die zu Buchstaben gekürzten Einheiten *Atom, Orangen, Untergrund.*

determinative Adjektiv-komposita   In Adjektivkomposita können Wörter aller Wortarten, Phrasen, Konfixe und unikale Einheiten links ankombiniert werden. Die rechte Einheit ist der Righthand Head Rule gemäß stets ein Adjektiv. Ausnahmen sind Komposita aus Konfixen.

determinative Substantiv-Adjektiv-Komposita   Substantive sind die vitalsten Einheiten der Wortbildung; auch in Adjektivkomposita werden sie häufig genutzt. Dabei gibt es offenbar keine Beschränkungen hinsichtlich des Substantivs: Gleichermaßen kommen ein- und mehrsilbige Substantive vor (*Fisch, Himmel*), sim-plizische und komplexe (*Fisch, Apfeltorte*) sowie einheimische und entlehnte Substantive (*Geheimnis, Chili*).

Typische Substantiv-Adjektiv-Komposita sind

fischgrün
himmelblau
chilirot
apfeltortensüß
geheimnisvoll

Auch okkasionelle Komposita sind häufig: *die schwarze Masse der Leiber,*   Okkasionalismen
biervoll, geldvoll, schuldvoll, bösheitsvoll (Broch 1974: 209), *eifersuchtszer-*
mürbt (Fuchs 1995: 219), *Algensorten* [...] *sollen salat- und eintopftauglich*
sein (Spiegel 1994, IDS-Korpora), *während Pavarotti sich dianagramge-*
beugt von zwei Bodyguards hereintragen ließ (Taz 1997, IDS-Korpora),
Er ließ sich im Gedränge die Joachimstaler Straße treiben und fand sich auf
dem Kurfürstendamm garküchen-wärme-stimm-gesumm-nachtwind-benzin-
parfüm-umflossen (Rezzori 2005: 112); *durch stolperschwellenstrotzende*
Seitenstraßen (Barnes 2003: 119).

    Am kreativsten genutzt wird vermutlich das **vergleichende Muster:**   semantische
ich werde immer nur fischstäbchenbraun (Taz 1994, IDS-Korpora), *achil-*   Möglichkeiten
lessehnendick (Taz 1995, IDS-Korpora), *einem sirupschwarzen Flüsschen*
(Aehnlich 1998: 6). So auch:

> *Die grünen unter den Buntbären unterscheiden sich in Fellvarianten*
> *von Smaragd und Oliv, von Türkis und Jade, von Reseda und Spinat-*
> *farben. Es gibt gelbgrüne, blaugrüne, moosgrüne, fichtennadelgrüne,*
> *grasgrüne, seetanggrüne, meergrüne, seegrüne, flaschengrüne, schim-*
> *melgrüne, graugrüne, giftgrüne, palmblattgrüne, erbsen-, tannen- und*
> *efeugrüne Buntbären und noch einige andere tausend Spielarten von*
> *Grün.*
>
> (Moers 2002: 690f)

Während die Substantiv-Adjektiv-Komposition weitgehend unbe-   determinative
schränkt ist, schränkt der Kommunikationsbedarf die Adjektiv-Ad-   Adjektiv-Adjektiv-
jektiv-Komposition ein. Zwar gibt es **keine morphologischen, aber**   Komposita
semantische Reglementierungen: Adjektiv-Adjektiv-Komposita, in
denen Eigenschaften durch Eigenschaften näher bestimmt werden,
werden einfach nicht besonders oft benötigt. Problemlos bilden wir
Determinativkomposita wie *orangerot, höflich-bestimmt.* Gelegentlich
nutzen wir auch Superlative, allerdings meist aus einem festen Inventar etablierter Formen und Verwendungen: *bestbezahlt, größtmög-*
lich, meistbewundert. So auch *Dann präsentierte sich der Vollmondabend*
schönstmöglich: Die Drau glänzte im farbigen Scheinwerferlicht, das Drau-
schiff „Landskron" war quergestellt und diente als „Orchesterschiff" und als
Garderobe für Ballett und Sänger (Kleine Zeitung 1998, IDS-Korpora).

semantische Möglichkeiten

Semantisch gesehen sind die linken Einheiten von determinativen Adjektivkomposita wenig aufgefächert. In der Regel wird wie bei der Adjektiv-Substantiv-Komposition attribuiert: *orangerot* bezeichnet ‚rot, und zwar ins Orange gehend', *höflich-bestimmt* bezeichnet ‚bestimmt, aber auf höfliche Weise'.

determinative Verb-Adjektiv-Komposita

Adjektivische Komposita mit einem Verbstamm als linker Einheit sind keineswegs ungewöhnlich, sie werden aber offenbar ebenfalls nicht allzu oft benötigt. Fleischer/Barz 1995: 247 nennen ein Inventar etablierter Verbindungen vor allem mit Adjektiven wie *fähig, fest, kundig, sicher* und *tüchtig.*

Typische Verb-Adjektiv-Komposita sind:

> *treffsicher*
> *trinkfest*
> *denkfaul*
> *knallbunt*
> *triefnass*

Okkasionalismen

Auch die linken Einheiten sind etabliert; auffällig sind neue Kombinationen wie *lauftüchtig, lerntüchtig, springtüchtig, suchtüchtig.* Wie fast überall finden sich aber auch hier Okkasionalismen: *Sie verarzten auch gleich die geschundenen Füsse, pflastern die Ferse und polstern die Zehen – die beiden sind wieder gehtüchtig* (Züricher Tagesanzeiger 1996, IDS-Korpora), *zubeißbereite Zähne* (Broch 1974: 69), *die mitsingtaugliche Bierstimmung* (Taz 1992, IDS-Korpora), *Das große Talent, dribbelstark und pfeilschnell* (Faz 1995, IDS-Korpora), *Bücher, die warm und freundlich sind, brüllkomisch und tränentreibend sentimental* (Amica 9/1998: 22).

semantische Möglichkeiten

Semantisch sind die Beziehungen zwischen Adjektiv und determinierendem Verb nicht besonders vielfältig. Häufig wird ein konsekutives, das heißt, Folgen angebendes Muster genutzt: So bezeichnet *eine tropfnasse Hose* eine Hose, die so nass geworden ist, dass sie tropft. Daneben gibt es vor allem ein kausales, das heißt, Ursachen angebendes Muster, so *die Schuljugend, französisch lernblass, eifrig, wohlgesittet* (Koeppen 1979: 83).

determinative Konfix-Adjektiv-Komposita

Auch hier wird die Komposition durch die beschränkte Einsatzmöglichkeit von Konfixen beschränkt: Selbst die vielfach zur Substantivkomposition herangezogenen Konfixe des Typs *bio-* und *therm-* werden als linke Einheiten von Adjektiven eher selten genutzt und dann vor allem mit entlehnten Adjektiven kombiniert: *bioaktiv, geopolitisch, ökosozial, thermonuklear.* So auch *ökolibertär* (Taz 1999, IDS-Korpora),

Der Historiker Wolfgang Schieder spricht deshalb von einem „ausgesprochen philofaschistischen Meinungsklima" in der Weimarer Republik (Taz 2003, IDS-Korpora).

Konfixe werden außerdem mit einer begrenzten Anzahl von Konfixen zu Adjektiven kombiniert: *bibliophil, homonym, megaloman, xenophob*. So auch *bibliophil? oder bibliosoph? Oder vielleicht gar biblioma-nisch?* (Taz 1990, IDS-Korpora). Im Vergleich zur substantivischen Konfixkomposition nutzen Sprecherschreiber diese Möglichkeit allerdings wenig.

adjektivische Konfixkomposita

Adjektivkomposita können außerdem zusammengesetzt werden aus adjektivisch markierten Konfixen als rechten und Wörtern als linken Einheiten. Dabei werden vor allem Substantive eingesetzt; Adjektive dieses Typs sind weitgehend Gelegenheitsbildungen: *dönerphobe Zeitgenossen* (Die Zeit 1996, IDS-Korpora), *ein Hinweis darauf, dass die Mehrheitsgesellschaft islamophob geworden ist* (Taz 2004, IDS-Korpora), *Nicht nur einige der, so schätzt er, 50 bis 60 Sammler in Deutschland sondern auch Wissenschaftler schätzen den Rat des Fuchsmotiv-Sammlers. „Ich kenne sie alle", sagt der fuchsophile Rentner* (Frankfurter Rundschau 1998, IDS-Korpora).

adjektivische Substantiv-Konfix-Komposita

Sehr selten werden zur Komposition mit adjektivischen Konfixen auch Adjektive verwendet wie in *der libertärophile Schreibknecht des FAZ-Feuilletons* (Taz 1995, IDS-Korpora). Prinzipiell ist die sich im Deutschen momentan erst entfaltende Konfixbildung aber wohl offen für Bildungen mit weiteren Einheiten.

adjektivische Adjektiv-Konfix-Komposita

Vom System her zwar angeboten, aber wenig genutzt wird die Komposition von Adjektiven mit Phrasen. Jedenfalls lassen sich nur wenige Phrase-Adjektiv-Komposita belegen: *vielhundertmetertiefe Abgründe* (Weltbühne 1979, nach Fleischer/Barz 1995: 250), *Mozart müsse vor allem Karl-Böhm-schön sein* (Taz 1991, IDS-Korpora), *eine zweibibeldicke Computerendlosrechnung* (Kinder 1997: 114), *nachthimmelschwarz, ach was, abgestandenesgetriebeölschwarz* (Taz 1999, IDS-Korpora). Adjektivkomposita mit ganzen Sätzen klingen schräg: *?? sie war dermaßen ich-fass-es-einfach-nicht-laut.*

determinative Phrase-Adjektiv-Komposita

Als linke Einheiten bei der adjektivischen Komposition werden außer Substantiven, Adjektiven, Verben und Konfixen nur wenige andere Einheiten verwendet. Es kommen lediglich Präpositionen und Pronomina vor: *übervorsichtig, vorschnell, vorwissenschaftlich, widernatürlich; ich-bezogen.* So auch eher seltene Kombinationen wie zwischen *beinahe-gleichen Wörtern* (Herder, nach Fleischer/Barz 1995: 249), *endet in einer quasi-akademischen Auseinandersetzung* (Taz 1994, IDS-Korpora), *diese immerbrünette, immersommerliche, immermädchen-*

determinative Adjektivkomposita mit sonstigen Einheiten

hafte Haut (Hahnfeld 1996: 51). Daneben gibt es auch syntaktische Realisationen: *einen quasi redaktionellen Beitrag* (Taz 1986, IDS-Korpora), *ein beinahe alltäglicher Fall* (Berliner Zeitung 1997, IDS-Korpora).

determinative Verbkomposita

Die Komposition von Verben spielt im Deutschen eine untergeordnete Rolle; in der Forschungsliteratur wird sogar häufig überhaupt bestritten, dass es Verbkomposition gibt. Folgende Verbtypen stehen dabei zur Diskussion:

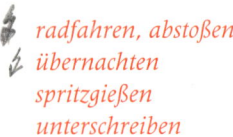

radfahren, abstoßen
übernachten
spritzgießen
unterschreiben

Verben mit mobilen Einheiten

Verben mit mobilen Einheiten wie *radfahren*, *schönschreiben, kennenlernen* sowie *abholen, eingehen, vorsehen* sind stimmiger als Präverbfügungen zu analysieren. Sie gehören dann nicht zur Wortbildung.

Verben mit immobilen Einheiten

Verben mit immobilen Einheiten wie *übernachten, überwintern, unterkellern (er übernachtet im Büro)* basieren auf Phrasen wie *über Nacht.* So auch *Auf entlegenen Alpen wurde übersömmert* (Hürlimann 2001: 10). Aus den Phrasen werden Verben konvertiert. Solche Verben sind also ebenfalls keine Komposita.

determinative Verb-Verb-Komposita

Dagegen sind Verben wie *spritzgießen* eindeutig Determinativkomposita. Die beiden Einheiten sind, soweit erkennbar, fest miteinander verbunden *(er *spritzt gieß)*; die linke Einheit bestimmt die rechte näher: ‚gießen und zwar durch Spritzen'. Komposita dieses Typs finden sich vor allem in technischen Fachsprachen: *brennhärten, sprengnieten, schwingschleifen*, aber auch in der Belletristik: *grinskeuchen, zuckschlingen, schnaufwittern* (Beispiele von Fleischer/Barz 1995: 295), *Ich streute zu allem Überfluss noch krossgebackene Schweinespeckbrösel über den Rohkostsalat und knirschkaute genüsslich* (Lander 1995: 110). In der Forschungsliteratur werden solche Verben mitunter als Kopulativkomposita interpretiert; diese Interpretation ist jedoch nicht zwingend, meist sogar zweifelhaft.

determinative Präposition-Verb-Komposita

Auch Verben des Typs *überblicken* sind Komposita. Sie bestehen aus einer Präposition und einem Verb. Die Präposition determiniert das vom Verb Bezeichnete vor allem hinsichtlich des Raumes: *das Messer durchdringt den Stoff, sie hinterlässt ihm ein Vermögen, er übergießt den Braten mit Wein, sie unterschreibt mit Blut, er widerlegt ihre Thesen.* Bei Verben mit *über* und *unter* wird häufig ein Zuviel bzw. Zuwenig ausgedrückt:

er übernimmt sich, sie unterfordert ihn. Die Bedeutung der frei vorkommenden Präposition wird dabei verschliffen.

Wir komponieren aber nicht nur Substantive, Adjektive, Verben und Konfixe, sondern auch andere Wortarten, **vor allem Präpositionen:** *gegenüber,* **Partikeln:** *durchaus, vielleicht,* **Junktoren:** *wobei,* **Artikel:** *wieviele.* Die Komposita sind etabliert; mit einem nennenswerten Zuwachs zum Bestand ist kaum zu rechnen.

determinative Komposita sonstiger Wortarten

Wesentlich häufiger und durchaus auch okkasionell kommen **Adverbien** vor: *fortan, herauf, kopfüber, sofort, treppab, treppauf.* So auch *Ameisen krabbelten* strumpfauf (Kästner 1997: 109), *der Weg ging bergan, in Kurven hügelauf* (Koeppen 1979: 88), *Sie las jahrsüber den Kalender drei- bis fünfmal* (Strittmatter 1963: 29), *Meier ließ sich hintüber fallen* (Kinder 1997: 11), *Nebelschwaden wallten da wandauf* (Hürlimann 2001: 117).

Determinativkomposita sind im Deutschen also sehr vielgestaltig; zahlreiche Bildungsmuster stehen zur Verfügung, die besonders im Bereich der Substantivbildung kreativ genutzt werden. Warum wir eine Möglichkeit nutzen oder nicht, liegt häufig am Zusammenspiel von System und Norm.

System und Norm

_Exkurs: *Vorbei-Student* – System und Norm)

System wird allgemein definiert als strukturierte Menge von Regeln. Unterschieden werden meist Subsysteme: das Lautsystem, das Wortsystem, die Deklination. Auch zur Bildung von Wörtern und deren Interpretation beachten wir ein System, das Regeln angibt: Systemwidrig ist im Deutschen zum Beispiel die Kombination von Verben mit *un-: ich *unfreute mich über seine Launen.* Vom System her ebenfalls nicht erlaubt ist das legendäre, in der Werbung kreierte Adjektiv *unkaputtbar: eine* unkaputtbare *Colaflasche.* Wörter mit dem Suffix *-bar* werden der Regel nach nicht aus Adjektiven wie *kaputt* abgeleitet, sondern aus Verben (*hörbar*), selten auch aus Substantiven (*fruchtbar*). Vgl. Lenz 1998.

System

Was möglich ist, vom System her aber nicht angeboten wird, zeigt häufig der Sprachvergleich. So bilden romanische Sprecherschreiber hochvital Komposita aus Verben und Substantiven eines speziellen exozentrischen Typs, der im Deutschen systematisch nicht vorgesehen ist: frz. *cache-radiateur* ‚Heizkörperverkleidung‘ von *cacher* ‚verstecken, verbergen, verhüllen‘, *porte-parole* ‚Wortführer‘ von *porter* ‚tragen‘. So auch frz. *allume-cigarette* ‚Zigarettenanzünder‘, ital. *perdigiorno* ‚Tagedieb‘, *grattacielo* ‚Wolkenkratzer‘, *portalettere* ‚Briefträger‘, rumän. *pierde vară* ‚Faulenzer‘, span. *guardapolvo* ‚Staubschutz‘, *guardameta* ‚Torwart‘. Wie die Paraphrasen zeigen, haben deutsche Sprecherschreiber hier nur die Möglichkeit, endozentrische Komposita aus zwei Substantiven zusammenzusetzen: *Briefträger.* Komposita wie **Trägtbrief* wären regelwidrig. Vgl. Donalies 2004: 29.

Entspricht ein Wortbildungsprodukt den Regeln des geltenden Systems, gilt es als wohlgeformt.

Norm   Norm wird allgemein definiert als das Übliche, das Unauffällige, das Traditionelle, das Akzeptable. „Akzeptabilität ist Ausdruck der Erwartungshaltung des Rezipienten, und sie ist in der Fähigkeit des Textproduzenten angelegt, den Rezipienten akzeptabilitätsbereit und akzeptabilitätsfähig zu machen" (Fleischer/Barz 1995: 79). So können zwar systemgemäß Verben, die einen Akkusativ verlangen (*ich esse Heuschrecken*), mit dem Suffix *-bar* abgeleitet werden: *Heuschrecken sind essbar*, es gibt aber Lücken. Vom System her eigentlich angebotene Wortbildungsprodukte wie *fragbar, versteckbar, versuchbar* sind unüblich: **Männer sind fragbar*.

Der augenblicklichen Norm nicht entsprechende Wortbildungsprodukte können durchaus wohlgeformt, das heißt, systemgerecht sein; sie fallen aber eben auf. Meist wird dabei bestimmten Textsorten, etwa der Werbung oder der Belletristik, der Philosophie oder mancher Journalistik allerlei zugestanden. Dort gelten Normverstöße als originell. Vgl. Handler 1993, Luukainen 1998, Mattausch 1997, Siebold 2000. Dagegen wird besonders Kindern und Ausländern allerlei angekreidet: „Was wir Dichtern zugestehen, lassen wir nicht für alle gelten. Ausländer in Bezeichnungsnot bilden oft neue Wörter. Sie nehmen sich übliche Wörter zum Vorbild und denken sich, warum nicht auch so: *Ich bin ein Faulschreiber* (ein Ägypter). *Herzliche Grüße von Ihrem Vorbei-Student* (ein Sierra Leonenser) [...] Solche Bildungen entsprechen unseren Wortbildungsregeln. Nur sind sie verblüffend neu, und weil wir annehmen, der Ausländer könne nicht richtig Deutsch, finden wir sie verdächtig. Sicherlich sind sie manchmal überflüssig, aber oft auch anregend, manchmal sogar treffend und schön" (Heringer 1989: 195f). Vgl. Fix 2000.

Exozentrische Komposition

Der Elefant
Naja, der hat eine Ele am Fant.
Nein, der hat einen Rüssel am Kopf,
der müsste eigentlich Rüsselkopf heißen.
(Valentin 2006: 21)

Ein weiterer Typ des Kompositums ist das exozentrische Kompositum (von lat. *ex* ‚aus, heraus, außerhalb' und *centrum* ‚Mitte, Mittelpunkt'), auch Possessivkompositum (von lat. *possessivus* ‚besitzend') oder in indogermanistischer Tradition Bahuvrihi genannt (von indogerman. *bahuvrihi* ‚viel Reis habend').

Typische exozentrische Komposita sind

Rotkehlchen
Wirrkopf
Nashorn
Hinkebein

Exozentrische Komposita sehen auf den ersten Blick aus wie endo- zentrische Determinativkomposita: Es geht ja um ein rotes Kehlchen und es geht um ein Horn, und zwar eines auf der Nase. *Rotkehlchen* bezeichnet aber kein Kehlchen und Nashorn kein Horn. *Rotkehlchen* bezeichnet vielmehr etwas außerhalb Befindliches, nämlich einen Vogel; daher exozentrisches Kompositum. *Rotkehlchen* bezeichnet ei- nen Vogel, der ein rotes Kehlchen hat; daher Possessivkompositum oder Bahuvrihi. Vgl. Knobloch 1997.

exozentrische versus endozentrische Komposita

> Bei der exozentrischen Komposition werden Komposita genauso wie bei der Determi- nativkomposition zusammengesetzt; die Komposita bezeichnen aber etwas außerhalb Befindliches.

Exozentrische Komposita haben als linke Einheiten Substantive, Ad- jektive und Verben, als rechte Einheiten ausschließlich Substantive, sind also immer Substantive: *Nashorn, Weißdorn, Hinkebein*.
   Zwar verlangen sie mehr Interpretationsleistung als die üblichen Determinativkomposita: Dass es sich zum Beispiel bei *Dornfinger* um eine Spinne, bei *Scharlachgesicht* um einen Affen und bei *Plattbauch* um eine Libelle handelt, sagt einem das Kompositum nicht; man kann es allenfalls ahnen oder aus erklärenden Kontexten schließen. Trotzdem sind exozentrische Komposita beliebt. Vor allem werden le- gere Personenbezeichnungen gebildet: *Wirrkopf, Langbein, Langfinger, Blaustrumpf, Blaubart, Grünschnabel, Schwarzrock, Weißkittel, Rothaut, Rotkäppchen*; so auch *Im Antrieb liegt die Lösung. Ein Waghals nach dem andern fiel mit selbst gebauten Flügeln vom Himmel, bis endlich ein hand- licher Leichtmotor erfunden wurde* (Dekkers 2004: 130). Teilweise wer- den sogar biowissenschaftliche Bezeichnungen für Tiere und Pflanzen gebildet: *Hammerkopf, Gartenrotschwanz, Granatauge, Rosenköpfchen, Gelbschnabel, Rotdorn, Schwarzwurzel.*
   Exozentrische Komposita sind also Determinativkomposita mit ei- ner bestimmten Lesart. Dagegen sind Kopulativkomposita ein grund- legend anderer Kompositatyp.

_Kopulativkomposition)

Schönes Speisezimmer,
bestehend aus Speise und Zimmer.
Offerte unter ......
(Valentin 2006: 86)

> Bei der Kopulativkomposition werden Komposita aus hierarchisch gleichberechtigten Wörtern zusammengesetzt.

Das impliziert, dass wir Kopulativkomposita (von lat. *copulare* ‚zusammenfügen, vereinen') nur aus Wörtern gleicher Wortart kombinieren können.
Typische Kopulativkomposita sind

schwarz-weiß
krumm-gelb

Okkasionalismen Besonders in der gehobenen Belletristik kommen Okkasionalismen vor: *ein großes, mager-strenges Mädchen* (Fuchs 1995: 19), *zu einem blutig-stummen Häuflein zusammengeschlagen* (Schneider 1994: 57), *hagerstrenge Jesuiten* (Hürlimann 2001: 97), *hinter den rotrund geziegelten Dächern* (Kinder 1997: 8).

> Kopulativkomposita müssen nicht binär sein.

Nichtbinäre Strukturen finden sich vor allem im Bereich der Farbbezeichnungen: *Die schwarz-weiß-braune Eiderente zum Beispiel schluckt Miesmuscheln noch in 35 Metern Tiefe* (Taz 2002, IDS-Korpora), *der blaugelb-grün-weiße „Spring Tours"-Bus* (Die Presse 1997, IDS-Korpora), *Heute wimmelt es in jeder Fußgängerzone von den weiß-blau-gelben oder weiß-blau-roten Segeljacken* (Berliner Zeitung 1999, IDS-Korpora).
    Die linke Einheit determiniert nicht die rechte: schwarz-weiß heißt nicht ‚weiß, und zwar irgendwie schwarz', sondern ‚schwarz und weiß': *ein schwarzweißes Schachbrett, ein schwarzweißes Zebra.*

Vertauschbarkeit der Einheiten   Bei der Abgrenzung der Kopulativ- von den Determinativkomposita wird häufig auf die prinzipielle Unvertauschbarkeit der Einheiten in Determinativkomposita im Gegensatz zur Vertauschbarkeit der Einheiten in Kopulativkomposita hingewiesen. Damit ist gemeint, dass wir die Einheiten von Determinativkomposita nicht vertauschen können, ohne dass eine wesentliche Bedeutungsveränderung eintritt: fingerlang ist nicht Langfinger und ein Geierlamm ist kein Lämmergeier (Morgenstern 1990: 22):

> Der *Lämmergeier* ist bekannt,
> das *Geierlamm* erst hier genannt.
> Der Geier, das ist offenkundig,
> das Lamm hingegen untergrundig.
> Es sagt nicht hu, es sagt nicht mäh,
> und frisst dich auf aus nächster Näh.
> Und dreht das Auge dann zum Herrn.
> Und alle habens herzlich gern.

Dieses Merkmal trifft auf Determinativkomposita wie *Lämmergeier* und *Geierlamm* zu, es eignet sich jedoch nicht zur Abgrenzung der Determinativ- von den Kopulativkomposita, denn auch bei Kopulativkomposita sind Vertauschungen häufig nicht möglich: Zwar lassen sich tatsächlich – auch wenn dies so nicht etabliert ist – bei einigen Kopulativkomposita die Einheiten ohne kommunikativen Schaden verkehren; so ist es uns relativ egal, ob wir *schwarzweißes Schachbrett* oder *weißschwarzes Schachbrett* gesagt bekommen. Zum großen Teil signalisieren aber die Einheiten von Kopulativkomposita eine bestimmte Reihenfolge und sind dann eben nicht frei vertauschbar: *eine rot-gelb-grüne Ampel, Armeniens rot-blau-aprikosenfarbene Flagge.* Auch für den Autor folgender Beschreibung ist die Reihenfolge offenbar relevant: *In seinem grünbraunen Anzug – oder ist er braungrün? wer weiß – sieht er aus wie ein Hundedompteur* (Picouly 1996: 233).

Umstritten ist, ob außer den adjektivischen auch einige substantivische und verbale Komposita des Deutschen primär kopulativ gelesen werden müssen.

kopulative Substantive und Verben

_Exkurs: *Radiowecker, spritzgießen* – **Kopulative Substantive und Verben)**

> Man sollte glauben, dass Wissenschaftler
> leidenschaftslos zu einer vernünftigen
> Kennzeichnung eines Phänomens gelangen können
> und sich danach nur noch darauf einigen müssen,
> was unter diese Definition fällt und was nicht.
> Doch Definitionen sind nur selten neutral;
> in ihnen kommen ganze Weltanschauungen
> zum Ausdruck.
> (de Waal 2002: 31)

Dass man sich über das Phänomen Kopulativkomposition schon immer uneins war, sieht man bereits an der verwirrenden Vielzahl der konkurrierenden Termini: Kopulativkomposita werden auch bezeichnet als appositive, appositionelle oder Komposita mit appositionellem Verhältnis, als Dvandva, als koordinierte, koordinative oder Koordinativkomposita, als konjunktive Komposita, als attributive Komposita, Additiva, additive oder additionelle Komposita, als Anreih-Komposita, Reihenwörter, Zwillingsformen oder Verbindungszusammensetzungen.

Universal zu unterscheiden sind drei Typen von Kopulativkomposita. Nur den ersten und zweiten Typ nutzen wir auch im Deutschen.

der erste Typ Kopulativ-komposita

Der erste und verbreitetste Typ kopulativer Zusammensetzungen, bei Bauer 2001: 699 speziell Karmadhāraya genannt, ist der Typ engl. *king-emperor*, frz. *voiture-restaurant*, dt. *Kinocafé*. Traditionell werden solche Komposita als Kopulativkomposita interpretiert. So auch *Hosenrock, Fürstbischof, Radiowecker, Kleiderschürze, Dichterkomponist* und *Ministerfreund*. Die Einheiten und deshalb natürlich auch das Kompositum sind Bezeichnungen vor allem für Personen und Orte. Mitunter werden auch Gegenstände bezeichnet: russ. *kurtka-bluzka*, dt. *Blusenjacke*.

Wie Breindl/Thurmair 1992 analysiert haben, kann nun aber nichts „die Existenz zweier eindeutig distinkter Kategorien Kopulativkomposita und Determinativkomposita innerhalb der N-N-Komposita rechtfertigen". Solche Komposita können zwar auch kopulativ gelesen werden, nämlich als ‚Kino und Café', allerdings immer neben determinativen Lesarten wie ‚Café, und zwar eines, das auch Kino ist'. Zudem ist die kopulative Lesart keineswegs die, die einem zuerst in den Sinn kommt. Wie Befragungstests ergaben, ist häufig „die kopulative Interpretation gerade nicht die naheliegendste, ja vielmehr offensichtlich kontraintuitiv" (Breindl/Thurmair 1992: 52).

Festzustellen ist weiter, dass Komposita dieses Typs einen syntaktischen Kopf haben, also gerade nicht aus syntaktisch gleichrangigen Einheiten bestehen. So legt etwa das maskuline *Wecker* und nicht das neutrale *Radio* das Genus von *Radiowecker* fest. Und das ist ganz typisch für Determinativkomposita und widerspricht der Definition der Kopulativkomposita.

Auch Komposita wie *Autor-Dichter-Komponist* mit mehr als zwei syntaktosemantisch ähnlichen Konstituenten haben determinative Strukturen: Sie können zwar auch trinär als ‚Schriftsteller und Drehbuchautor und Dialogschreiber' gelesen werden, sind aber meist binär gemeint und werden meist binär verstanden als ‚Komponist, der auch Autor und Dichter ist'. „Der binären Zerlegung wird der Vorrang eingeräumt" (Schpak-Dolt 1992: 32).

Zum ersten Typ von Kopulativkomposita gehören auch verbale Komposita wie *spritzgießen*. Fleischer/Barz 1995: 295 nehmen an, dass zumindest bei den fachsprachlichen Zusammensetzungen keineswegs die kopulative, sondern immer die determinative Lesart näherliege, „da das Erstglied in der Regel als modale Spezifizierung des Zweitgliedes ver-

standen wird". „Wenn es sich auch um den gleichen Ablauf von zwei
Vorgängen handelt, so ist doch der eine dem anderen in starkem Maße
untergeordnet" (Reinhardt 1966: 192). Folgt man Reinhardts Analyse,
nach der „von den mit Kontext vorliegenden Beispielen [...] nicht eines
die Ausdeutung als Kopulativkompositum" zulässt (ebd.: 191), so „kritisiert Reinhardt [...] zu Recht die westdeutsche Duden-Grammatik, die
diesen Typ (*ziehschleifen*) als kopulative Zusammensetzung zweier Verben
ansieht" (Schütze 1969: 422). Ebenso wie die kopulativen Substantivkomposita des ersten Typs analysieren wir solche Verbkomposita wohl
doch stimmiger als Determinativkomposita, die mitunter auch eine kopulative Lesart haben. Vgl. Donalies 1996.

Davon abzugrenzen ist der zweite Typ kopulativer Zusammensetzungen, bei Bauer 2001 speziell Dvandva genannt (von altind. *dvandva*
‚zwei und zwei, Paar'), der im Wesentlichen auf Länderbezeichnungen
wie *Österreich-Ungarn, Elsass-Lothringen* beschränkt ist. Kombinationen
dieses Typs werden üblicherweise nicht determinativ gelesen, also nicht
als * ‚Elsass, das auch noch Lothringen ist'. der zweite Typ
Kopulativ-
komposita

Der dritte Typ kopulativer Komposition wird im Deutschen nicht genutzt. Er findet sich aber in anderen Sprachen: türk. *anababa* ‚Eltern',
wörtlich ‚Mutter-Vater', russ. *brat-sestra* ‚Geschwister', wörtlich ‚Bruder-
Schwester', neugriech. *andrójino* ‚Ehepaar', wörtlich ‚Mann-Frau', japan.
dan-sei ‚Ehepaar', wörtlich ‚Mann-Frau'. Komposita dieses Typs gelten als
„echte Dvandva" (Rainer 1993: 60). Vgl. auch Olsen 2000: 908. Sie gehören zum Typ kollektiver Bezeichnungen und sind zwar produktiv, prag-
matisch aber in vielen Sprachen vor allem auf familiäre Verwandtschafts-
bezeichnungen beschränkt. Nur in einigen außereuropäischen Sprachen
kommen darüber hinaus Nichtfamilienbezeichnungen vor: vietnam. *bàn-
ghê* ‚Möbel', wörtlich ‚Tisch-Stuhl', oder im indoarischen Marathi *tikhat-
mīth* ‚Gewürze', wörtlich ‚Pfeffer-Salz'. Vgl. Donalies 2004. Im Deutschen
sind zur Versprachlichung solcher Begriffe mitunter stabreimende Zwillingsformen etabliert wie *Feuer und Flamme, Geld und Gut, Gift und Galle,
Haus und Hof, Himmel und Hölle, Samt und Seide, Tod und Teufel*. Zu Kompo-
sita machen wir sie offenbar nie: **Feuerflamme, *Geldgut, *Samtseide*. der dritte Typ
Kopulativ-
komposita

Kopulativ sind auch viele der allerdings nicht besonders vital gebil-
deten Kontaminate.

Kontamination)

> *Ob ich Soba brauche, ein Zimmer?*
> *Nein, ich brauche ein Wunder,*
> *um den Hund und mich nach Sarajevo zu bringen.*
> *Die Frauen lächeln mit dunklen Zahnreihen voller Lücken*
> *und streicheln den Hund,*
> *der mit dem Leben abgeschlossen hat.*

Weit und breit nichts als Abgase.
Schnell beschließe ich die Entstehung einer neuen Sprache:
Das Endepol.
Es besteht aus zehn englischen,
hundert deutschen
und einer Menge polnischer Wörter
und kommt fast ohne Grammatik aus.
(Zeh 2003: 19)

> Bei der Kontamination werden Wörter meist gleicher Wortart miteinander verschmolzen.

Morphologisch sind dabei zwei Typen von Kontaminaten zu unterscheiden: Zum einen Komposita wie *Mammufant*, deren Einheiten keine gemeinsamen Laut- bzw. Buchstabenfolgen haben und daher einfach irgendwie, wohl vor allem nach Kriterien der Aussprechbarkeit, ineinander geschoben werden, zum anderen Komposita wie *Lakritzelei* (Beispiel von Heringer 1989: 192) oder *Kurlaub*, deren Einheiten gemeinsame Laut- bzw. Buchstabenfolgen haben, in denen sie sich genau überschneiden:

Mammu[t]_{Ele}fant

La^{kritz}Kritzelei

Kontaminiert sind auch *Herzschlagrahm, Gallensteinadler, Vanilleeisbären* (Valentin 2006: 123), *Wortspielhölle* (Karl Kraus, nach Timković 1990: 35). Hier werden zwei Substantiv-Substantiv-Komposita ineinandergeschoben, und zwar so, dass die rechte Einheit des einen mit der linken Einheit des anderen Kompositums überlappt: *Herzschlag* und *Schlagrahm*. Sowas können wir auch leicht selbst zusammenschieben: *Rosinenschneckenhaus, Ölfilmschauspieler, Klebstofftier* und

Hefe^{zopf}Zopfspange

Verschmelzung von Substantiven, Adjektiven und Verben

Verschmolzen werden vor allem Substantive: *eine nicht ungefährliche Etymogelei* (Faz 1995, Cosmas), *Ich bin ein Gourmeggle* (Werbespruch der Firma Meggle, nach Hars 1999: 169), *Mäandertaler – Person, die sich extrem langsam und ziellos fortbewegt*. So bezeichnen Marketingexperten *die Trödelheinis in Fußgängerzonen* (Zeit-Wissen 1/2005: 8), *Kombikini* (C&A 2006). Vgl. Cannon 2000. Mitunter werden zwei Adjektive verschmolzen: *akadämlich* (Beispiel von Heringer 1989: 192), mitunter auch Verben: *Da philosofaselt ein ältliches Aktions-Girlie (Ingeborg Westphal) von der „Stagnation als vierter Dimension der Bewegung", während durch die marode Industrieanlagenkulisse digitale Schriftbänder flackern* (Taz 2005, IDS-Korpora).

Besonders bieten sich Kontaminate zur Bezeichnung realer Mischwesen an wie dem Mammufanten oder der Schiege, einer Kreuzung aus Schaf und Ziege (Spiegel 18/2005: 148), oder der Tomoffel, einer Kreuzung aus Tomate und Kartoffel (Universalduden 2003). So auch engl. *liger* aus *lion* und *tiger*. Eher phantasieweltlich ist das *Kamedar* aus Kamel und Dromedar (Moers 2002: 276).

Nur selten werden Wörter verschiedener Wortarten miteinander verschmolzen: *Dann könne jeder, der wolle, gefahrlos [...] in künstliche Paradiese ab- oder auch nur seine Stimmung anheben. Bis es solche „Utopiate" (von utopische Opiate) geben wird [...]* (Die Zeit 1995, IDS-Korpora), *Rüpelradler seien sie und Rowdys [...], die sich „fahradiesische Freiheiten" herausnähmen* (Taz 1991, IDS-Korpora). So auch *Greenager* (Pfeiffer 1996).

Kontaminate aus Wörtern gleicher Wortart haben eine kopulative Lesart: Ein Kamedar ist sowohl Kamel als auch Dromedar; akadämlich ist sowohl akademisch als auch dämlich. Kontaminate aus Wörtern verschiedener Wortarten können naturgemäß nicht additiv gelesen werden, sondern nur determinativ: Ein Greenager ist ein grüner Teenager, fahradiesisch ist paradiesisch fürs Fahrrad.

Bei der Kontamination fallen Laut- bzw. Buchstabenfolgen weg. Das hat sie mit der Kurzwortbildung gemeinsam. Kontamination ist aber keine Kurzwortbildung. Bei der Kurzwortbildung wird nämlich ein Wort oder eine Phrase zu einer Dublette verkürzt (*Auszubildender* zu *Azubi*, *Institut für Deutsche Sprache* zu *IDS*), bei der Kontamination werden dagegen mindestens zwei Wörter zu einem inhaltlich ganz neuen Wort zusammengefügt.

Besonders Kinder, die Sprache ja noch üben, erfreuen sich und ihre Umwelt gelegentlich mit Kontaminaten. Ich habe als Kind gerne *Advester* (aus *Advent* und *Silvester*) gefeiert und den *Nilwurf* (aus *Nilpferd* und *Maulwurf*) gestreichelt. Die meist Erwachsenen akzeptieren Kontaminate als auffällige Wortwitzeleien; strenge Sprachkritiker finden sowas mitunter verdammenswert. Vgl. Windisch 1993. Auf jeden Fall lenken Kontaminate Aufmerksamkeit auf sich; die meisten sind Okkasionalismen. Nur selten finden sich Kontaminate mit Bestand in

Verschmelzung von Wörtern verschiedener Wortarten

semantische Möglichkeiten

Kontaminate versus Kurzwörter

Kreatives

der Standardsprache: *Kurlaub*. Aus dem Englischen entlehnt und bei uns etabliert sind *Motel*, *Smog* und *Netiquette*.

_Reduplikation)

> Bei der Reduplikation wird ein Wort gedoppelt.

Vokal- und
Konsonanten-
variation

Die Reduplikation (von lat. *reduplicare* ‚verdoppeln, wiederholen'), auch Iteration genannt (von lat. *iteratio* ‚Wiederholung'), ist eine im Deutschen kaum produktive Wortbildungsart, bei der durch Doppelung eines Wortes ein Kompositum gebildet wird. Überwiegend variieren wir dabei den Vokal, relativ oft *i* zu *a* vice versa: *Mischmasch* (von *mischen*), *Wirrwarr* (von *wirr*), *Tingeltangel* (von *tingeln*), *Hickhack* (von *hacken*), *Krimskrams* (von *Kram*). Vgl. Wiese 1990. So auch engl. *tittle-tattle* ‚Schnickschnack, Geschwätz' (von *tittle* ‚Pünktchen'), *whim-wham* ‚Laune, komischer Einfall' (von *whim* ‚Laune, komischer Einfall'), frz. *fric-frac* ‚Einbruch' (von *fric* ‚Geld, Zaster, Moneten'), ungar. *giz-gaz* ‚allerlei Unkraut' (von *gaz* ‚Unkraut'). Mitunter ändern wir den Anlaut: *Schickimicki* (von *schick*). Reduplikate heißen anschaulich auch Echowörter. Sie haben immer etwas Legeres.

Reduplikate
versus
Selbstkomposita

Keine Reduplikate, sondern Determinativkomposita sind die sogenannten Selbstkomposita, die vorrangig der Hervorhebung dienen: *Film-Film*, *graugraue Hemden*. Ein graugraues Hemd ist ein graues Hemd, und zwar ein besonders graues. So auch *Das Brötchen ist aus Knitterpappe [...] aus ihm quellen die Krabben in üppiger Fülle und hat man sie erworben und die Pappe aufgeklappt, erweisen sich 88% von ihnen als Augentäuscher und die real vorhandenen 12% reichen grade für 1.5 mal maulvoll und kosten vier Mark. Skandalkandal* (Taz 1998, IDS-Korpora), *Flaubert ist der Autorenautor par excellence, der Heilige und Märtyrer der Literatur* (Barnes 2005: 17).

_Explizite Derivation)

> Bei der expliziten Derivation werden vor allem Wörter und Konfixe mit Wortbildungsaffixen kombiniert.

Die Wortbildung mit Wortbildungsaffixen wird explizite Derivation oder Ableitung genannt (von lat. *derivare* ‚ableiten, wegleiten'); explizite Derivate erkennt man explizit an ihren Wortbildungsaffixen. Wie die Komposition ist die explizite Derivation eine kombinierende Wortbildungsart.

Typische explizite Derivate sind

Freundschaft
freundlich
befreunden

Wie Determinativkomposita sind explizite Derivate grundsätzlich binär: *Freund*(1)*schaft*(2), *freundschaft*(1)*lich*(2), *Freundschaftlich*(1)*keit*(2). Wie bei den Determinativkomposita legt die rechte Einheit die grammatischen Merkmale des Derivats fest: *freundschaftlich* ist wegen *-lich* ein Adjektiv; *Freundschaftlichkeit* ist wegen *-keit* ein feminines Substantiv.

Semantisch gesehen wird bei der expliziten Derivation determiniert oder transponiert: Bei der Transposition verändert das Affix die grammatische Funktion, etwa die Wortart, ohne dass die kategorielle Bedeutung verändert wird: *Bergung, Zartheit.* Transposition gibt es nur bei der expliziten Derivation, genauer: nur bei der Suffigierung und Zirkumfigierung. Durch Komposition kann nicht transponiert werden. Gemeinsam mit der Komposition hat die explizite Determination aber, dass determiniert werden kann; dabei determinieren die Affixe oder werden determiniert: *Kindchen, Sensibelchen.*

semantische Möglichkeiten

Exkurs: *Lehrjunge, Lehrling* **– Determination bei Komposita und Derivaten)**

Die Forschungsliteratur behandelt die Determination bei Komposita und die Determination bei Derivaten häufig separat; die Determination bei Derivaten wird auch Modifikation genannt. Weil sich die Determination bei expliziten Derivaten jedoch nicht von der bei Komposita unterscheidet, brauchen wir keinen eigenen Terminus Modifikation: Bei *Lehrjunge* wird genauso wie bei *Lehrling* die rechte Einheit durch die linke determiniert; beide bezeichnen eine Person, der etwas gelehrt wird. Allerdings gibt es bei der Derivation Spezifika: Während bei deutschen Determinativkomposita grundsätzlich die linke Einheit die rechte näher bestimmt, gibt es zwar genauso strukturierte deutsche Derivate (*Sensibelchen*), aber auch solche, bei denen die rechte Einheit die linke Einheit näher bestimmt (*Kindchen*). Der semantische Kopf von expliziten Derivaten ist also mal die linke, mal die rechte Einheit.

Modifikation Determination

Desubstantiva
Deadjektiva
Deverbativa

Ihrem allgemeinen Vorkommen entsprechend werden meist Substantive mit Wortbildungsaffixen kombiniert. Liegen Substantive zugrunde (*Freund*), entsteht ein Desubstantivum: *Freund*schaft, *freundlich, befreunden.* Häufig werden aber auch aus Adjektiven Deadjektiva und aus Verben Deverbativa gebildet: *Zart*heit, *zärtlich, verzärteln; Deuter, deutlich, bedeuten.* Im Deutschen sind die meisten durch Derivation entstandenen Substantive Deverbativa; in anderen Sprachen überwiegen Desubstantiva. Vgl. Donalies 2005b: 60f.

Basen

Die einem expliziten Derivat zugrundeliegende Einheit wird traditionell Basis genannt. Die Basis von *Freundschaft* ist *Freund*, die Basis von *bedeuten* ist *deuten*. Basen sind rein morphologisch.

Ihrem allgemeinen Vorkommen entsprechend werden überwiegend Substantive gebildet. Substantivderivate sind wie Substantivkomposita besonders vielseitig.

substantivische
Derivate

Zur expliziten Substantivderivation können die meisten Wortbildungseinheiten herangezogen werden, vor allem Substantive, Adjektive, Verben und Präverbfügungen, aber auch Konfixe und Phrasen. Explizit deriviert werden Substantive durch Präfigierung, Suffigierung und Zirkumfigierung.

substantivische
Präfixderivate

Präfixe der Substantivbildung sind vor allem *erz-* (*Erzfeind*), *hyper-* (*Hyperinflation*), *mega-* (*Megaparty*), *un-* (*Untat*) und *ur-* (*Urzeit*). Besonders im Präfixbereich haben sich zahlreiche entlehnte Einheiten etabliert: *inter-, makro-, mikro-, multi-, neo-, post-, prä-.* Vgl. Wilss 1999, Nortmeyer 2000, Kinne 2000. Präfixe der Substantivderivation determinieren die Basis. So bezeichnet *Megaparty* eine Party, und zwar eine besonders große, eine großartige, herausragende.

Typische substantivische Präfixderivate sind

Unmensch
Unsitte
Untiefe

Negativa
Falsifikativa

So auch okkasionell *Hansgünther Heyme [...] erklärte die Stadt Essen im Hinblick auf die Abrisspläne zum „Un-Partner"* (Taz 1988, IDS-Korpora), *Dobytschin zeichnet seinen kleinen Un-Helden mit Witz* (Mannheimer Morgen 1989, IDS-Korpora), *Lebend war diesem Un-Ort nicht zu entkommen* (Hahnfeld 1996: 9). Das Präfix bestimmt die Wörter semantisch näher; es sagt aus, dass etwas nicht zutrifft: Eine Untiefe ist keine Tiefe, sondern eine flache Stelle. Zum anderen wird ausgedrückt, dass etwas negativ im Sinne von ‚fehlerhaft' ist: Ein Unmensch ist nicht das, was wir uns idealerweise unter einem menschlichen Menschen vorstellen. Vgl. Lenz 1995. Negation liegt ebenfalls vor bei *Missachtung, Missgriff, Missheirat, Missinterpretation, Missklang, Missmanagment, Missvergnügen, Misswirtschaft.* Ein Misserfolg ist kein Erfolg. Eine Misswirtschaft ist zwar eine Wirtschaft, aber eine fehlerhafte, schlechte. In Kombination mit Lehnwörtern konkurriert das Lehnpräfix *a-* mit seiner Variante *an-*: *Apräsenz, Analphabet.* Vgl. Klosa 1996.

Außerdem können Präfixe augmentieren: Eine Untiefe ist eine besonders tiefe Tiefe; eine Unsumme eine besonders hohe Summe. Es soll ausgedrückt werden, dass etwas größer ist als erwartet: *Megashow.* Es soll etwas hervorgehoben werden: *Erzfeind, Erzgauner, Erzhippie, Erzkapitalist, Erzkommunist, Erzromantiker, Erzroyalist, Erzübel.* Ein Erzbischof ist unter den Bischöfen hierarchisch hervorgehoben; ein Erzgauner ist ein besonders gauniger Gauner. Das Inventar der einheimischen Präfixe ist begrenzt, auch wirkt das Präfix *erz-* leicht verstaubt; hier füllen Lehnpräfixe die systematischen Lücken: *Hyperprogramm, Hyperästhetik, Hypererregung, Hyperfunktion, Hypermoral, Hyperrassist.* Ein Hyperrassist ist besonders rassistisch. Dabei wird mitunter ein Zuviel betont: *ein Hyperangebot an Einzelhandelsflächen* (Taz 1996, IDS-Korpora), *manche moralischen Hyperbedenken* (Die Zeit 1996, IDS-Korpora).

Gern wäre ich zum Beispiel Durchmesser,
ein Beruf von erheblicher Trag- und Spann-Weite.
(Hildesheimer 1986: 20)

Anders als Präfixe können Suffixe nicht zur Bildung von Wörtern verschiedener Wortarten herangezogen werden; sie bestimmen ja die Wortart, müssen also wortartspezifisch sein. Suffixe in substantivischen Derivaten sind Transponierer, Determinans oder Determinatum: Das Suffix transponiert (*Zartheit*), determiniert (*Kindchen*) und wird determiniert (*Sensibelchen*).
Typische substantivische Suffixderivate sind

Lehrer
Lehrling
Saxophonist

Weil der Mensch anthropozentrisch denkt und spricht, sind naturgemäß Personenbezeichnungen in allen Sprachen zentral. Vgl. Braun/ Nieuweboer 2001, Stricker 2000. Das Suffix *-ling* wird vielfach mit Adjektiven kombiniert und bezeichnet dann Personen mit der Eigenschaft des Adjektivs. Pfeiffer 1996 nennt *Blödling, Dümmling, Feistling, Fiesling, Finsterling, Frechling,* also vor allem Bezeichnungen aus negativ konnotierten Adjektiven. So auch *erinnerte er sich auch an den Besuch jenes Frechlings aus Berlin* (Hültner 1999: 18), *ein zuckersüßer und pedantischer Brävling* (Bouvier 2002: 78). Selten konkurrieren andere Suffixe: *Darum erklärt ein Drögerich nach Grzimek-Art die Funktion von Pessaren* (Taz 1990, IDS-Korpora). Bezeichnet werden außer Personen auch andere Lebewesen, zu denen wir ein persönliches Verhältnis haben. Rainer Maria Rilke widmet etwa der Rose als Spätling ein zärtlich-melancholisches Gedicht:

> *Rose, du Spätling, noch*
> *aufgehalten, von bittren*
> *Nächten, von zuviel*
> *sternischer Klarheit,*
> *ahnst du, Rose, das süße, das*
> *leichte Erfülltsein*
> *deiner Sommer-Geschwister?*

Nomina agentis Das Suffix *-er* bildet mit Verben Nomina agentis (von lat. *agens* ‚Handelnder‘): *Lehrer, Arbeiter, Dichter, Denker, Spieler.* Im Prinzip sind alle Verben mit *-er* ableitbar. So auch okkasionell: *Ein kompakter Mann mit schwarzem Bart griff die Botschaft auf und nickte Ruddy zu. Der Nicker war der als Regisseur des künftigen Films ausersehene Francis Ford Coppola* (Hotakeinen 2004: 29), *Sie, die Studenten von heute, sind die Entscheider von morgen* (Werbung von BASF im Programmheft zum 3. Mannheimer Sprachfestival 1997: o.S.), *Ich bin eigentlich mehr ein Beobachter und Stehler. Ich erschaffe keine Figuren, ich sorge dafür, daß die Bühne stimmt* (Taz 1990, IDS-Korpora), *Sie bekommt Besuch, die Leute gehen ein und aus, Grinser und Glückwünscher* (Boyle 2001: 532), *Wenn ich mich jemals in eine Frau verknallen könnte, die mich an Broderick Crawford erinnert, dann wäre das Sonja. Sie ist irrwitzig imposant, redet nonstop, ist eine tolle Köchin, eine Übersteherin, eine Künstlerin, eine hartgesottene Trinkerin, eine Naturgewalt* (Bourdain 2004: 121).

Die universal verbreiteten Nomina agentis (engl. *writer,* nl. *melker,* frz. *chanteuse,* poln. *pijak* ‚Trinker‘, russ. *letčik* ‚Pilot‘, wörtlich ‚Flieger‘, ungar. *rajzoló* ‚Zeichner‘, neugriech. *graféas* ‚Schreiber‘, türk. *yazar* ‚Schriftsteller‘) sind Bezeichnungen für Akteure. Außer Personen werden auch andere Akteure bezeichnet: *Nager, Vorfrühlingsblüher.* In der Forschungsliteratur werden mitunter Bezeichnungen für Unbelebtes, Unbeseeltes eigens als Nomina instrumenti ausgeklammert: *Plattenspieler.* Nomina instrumenti meinen und verstehen wir aber offenbar ebenfalls als Bezeichnungen für Akteure; die durch den Terminus gezogene Grenze ist also gar nicht so scharf. Das sehen wir auch an Wörtern wie *Empfänger, Sender, Drucker, Ordner,* die gleichermaßen Personen und als Akteur, als Agens gesehene Geräte versprachlichen. Auch Bezeichnungen für unbelebte Akteure sind häufig: In gut sortierten Haushaltsgeschäften gibt es etwa Austernbrecher, Eisportionierer, Gemüseaushöhler, Kartoffelstampfer, Pendelschäler, Fischentschupper, Salzstreuer, Zwiebelhacker, Messerschärfer und Bratkartoffelwender.

Hier konkurriert vor allem das Lehnsuffix *-ant,* das sich in der Regel mit Lehnsubstantiven oder Konfixen verbindet: *Asylant, Laborant, Ignorant.* Selten sind Derivate mit einheimischen Verben: *Bummelant, Lieferant.* Ein Lieferant ist jemand, der liefert. Selten konkurriert *-erich*: *Schnatterich, Raserich.* Ein Raserich ist einer, der rast. So auch *sehen wir einen jugendlichen Brauserich* (Taz 1997, IDS-Korpora). Stern 1965: 411 belegen von einer Viereinhalbjährigen das Derivat *Blaserich* für ‚Trompeter‘.

In der Forschungsliteratur meist zu den Nomina agentis gerechnet werden *-er*-Derivate, die auf Substantiven basieren: *Fleischer, Gärtner, Schäfer.* Die Verbindung von *-er* mit Substantiven gilt als invital. Plank 1981: 54 sieht darin das „Nachlassen des Bedarfs an einschlägigen Neubildungen infolge des reichen bereits lexikalisch tradierten Begriffsreservoirs derartiger Berufs-/Tätigkeitsbezeichnungen. So sind beim jetzigen Zustand des Wortbildungsmusters auch individuelle Neuprägungen mit substantivischer Basis nicht kategorisch ausgeschlossen, vgl. etwa *Metaller, Grenzer, Eigentümer, Musiker, Techniker, Politiker*" (ebd.). So auch *Subventionskürzungen für Eigenheimer und Pendler* (Die Zeit 2003, IDS-Korpora). Vgl. Meibauer 1995, Guttropf/Meibauer 2003, Meibauer et al. 2004, Bittner 2004. Hier konkurrieren vor allem Suffixvarianten wie *-ner* und *-ler*: *Rentner, Ruheständler.* So auch *ein französischer Sehnsüchtler Ende des 19. Jahrhunderts* (Allegra 6/1998: 204). Häufig konkurriert außerdem das Lehnsuffix *-ist*: *Saxophonist, Klarinettist, Journalist.* So auch *Baumschulist* (Beispiel von Meineke 1996: 431).

Das Gegenmodell zur Bildung von Nomina agentis ist die Bildung von Nomina patientis (von lat. *patiens* ‚Erleidender, Erduldender‘): *Lehrling, Prüfling, Schützling, Säugling, Setzling, Findling.* Auch hier werden die verschiedensten Lebewesen und Nichtlebewesen bezeichnet. Das Hauptsuffix ist *-ling*; daneben gibt es einige Nomina patientis mit *-er*: *Lutscher, Füller, Schmöker,* sowie konfixale Lehnwortbildungsprodukte: *Examinand, Konfirmand.* Ein Lutscher wird gelutscht,

Nomina patientis

ein Examinand examiniert. Vgl. Baeskow 2002. Nomina patientis werden universal deutlich seltener gebildet als Nomina agentis. Vgl. Brdar/Brdar 1991.

Expressiva   Gar nicht so selten werden mit Verben Bezeichnungen für menschliche Äußerungen gebildet; das einzige Suffix ist hier -er: *Japser, Räusperer, Rülpser, Schluchzer*. So auch *wobei er uns über die Schulter einen Augenplinker zuwarf* (Krüss 1960: 173), *ein Journalist, der auf Trainingsplätzen rumlungert und versucht, ein paar exklusive Grunzer von zwanzigjährigen Fußballern zu ergattern* (Parsons 2005: 32), *Ich versuchte mich an einem kleinen Lacher* (ebd.: 169), *Immer wieder gähnte ich. […] Manchmal gewinnt so ein Gähner ein Eigenleben, wird größer und ausgedehnter, als ich es hätte voraussagen können* (Baker 2005: 14).

Motiva   Bei der Movierung (von lat. *movere* ‚bewegen') auch Motion oder Mutation genannt, wird hinsichtlich des Sexus, des biologischen, des natürlichen Geschlechts expliziert; aus generischen, nichtsexusmarkierten Bezeichnungen wie *Arbeiter* werden sexusmarkierte Wörter wie *Arbeiterin*. Vgl. Doleschal 1992, Doleschal 2002.

Das einzige ausschließlich movierende einheimische Suffix ist -in. Doleschals Belegmaterial (1992: 27) besteht zu 90% aus Motiva mit -in. Mit sonstigen Movierungssuffixen wie -erich in *Enterich* oder -er in *Puter* bilden wir vor allem Nomina agentis. Daneben gibt es periphere Lehnsuffixe wie -esse in *Baronesse*. Wortspielerisch witzig ist das folgende Motivum mit dem Lehnsuffix -ette: *Vor ihnen stehen zwei Frauen. Die beiden „Bullen" sind „Bulletten"* (Taz 1994, IDS-Korpora).

Mit -in werden vor allem Maskulina zu sexusmarkiert weiblichen Wörtern moviert: *Arbeiterin, Verkäuferin, Kranführerin, Frisörin*. Sexusmarkiert männliche Motiva aus Feminina gibt es dagegen selten; meist sind sie etabliert, anachronistisch oder scherzhaft gemeint: *Puter, Tauber, Witwer, Kröterich, Bulldoggerich*. So auch *So mutt de arme unbeholpene Sachbearbeiter Hebammerich speelen* (Taz 1990, IDS-Korpora), *Maulwurf, Ratterich, Dachs und Kröterich* (Die Zeit 1996, IDS-Korpora). Vgl. Irmscher 1988, Trempelmann 1990. Moviert werden mitunter auch ohnehin schon explizit sexusmarkierte Formen: *Friseusin*. Mitunter bezeichnen solche parallelen Derivate verschiedene Begriffe: So hat sich die medizinische Masseurin neben der rotlichtmilieuigen Masseuse etabliert.

Im Prinzip können alle Substantive moviert werden. Die meisten der in der Forschungsliteratur angeführten Restriktionen für die Bildung von Motiva sind zumindest mit Okkasionalismen widerlegbar. Bekannt ist die in der Forschungsliteratur legendäre Lücke *Gästin*, die sich in der Sprachrealität aber gar nicht auftut: *Während Faust und Mag-*

gie nebenan bei ihrer Dose Lagerbier sitzen, macht der Motelmanager die späte Gästin mit zwei Schwenkern Rotwein an (Die Zeit 1996, IDS-Korpora), *Die Historie Schloß Fuschl zeigte von Gästin Sisi bis zum Schloßherrn „Salzbaron" Vogel gute und weniger gute Zeiten* (Salzburger Nachrichten 1999, IDS-Korpora). Weitere Beschränkungen sehen Doleschal 1992: 38 und Braun 1997: 75 in der Movierung von Basen auf -*ling.* Dagegen stellen Fleischer/Barz 1995: 183: *Ankömmlingin, Flüchtlingin, Günstlingin, Lieblingin, Neulingin.* So auch *Wildlingin* (Max Frisch 1957, IDS-Korpora), *die junge Seltsamlingin aus der Schweiz* (Die Zeit 1995, IDS-Korpora), *die Fremdlingin unter den Menschen* (Die Zeit 1996, IDS-Korpora), *aus dunklem Hausflur trat die goldene Gestalt der Jünglingin, umgeben von bleichen Monden* (http://gutenberg.spiegel.de/trakl/gedichte/herz.htm).

Sexusmarkierung ist in erster Linie interessant zur Bezeichnung von Lebewesen. Das natürliche Geschlecht kommt ja naturgemäß in der Natur vor und interessiert in erster Linie bei Lebewesen, die uns nahe stehen, also vor allem bei Menschen und domestizierten Tieren. Daraus werden mitunter pragmatische Restriktionen abgeleitet: So bestehe keine Notwendigkeit zu bestimmten Motiva wie **Flöhin.* Offenbar gibt es aber eben doch Notwendigkeiten; so heißt es über einen Flohzirkus: *Josephine (eine Flöhin!) tanzt den sterbenden Schwan* (Faz 1995, IDS-Korpora). So auch *Der mutige Ameiserich Z verkleidet sich als Soldat, um Prinzessin Bala zu imponieren* (Salzburger Nachrichten 1999, IDS-Korpora), *Amüsant geht es in raschem Tempo weiter mit Jürgen Spohns Dialog „Fliegenfrau zum Fliegerich". Steller verdreht die Augen und wispert „Willst du mich lieben? Im Kakao? Das macht mich so schön munter?" Überraschend erklingt die tiefe Stimme des Fliegerichs „Mich nicht! Ich gehe unter!"* (Mannheimer Morgen 2001, IDS-Korpora). Mitunter werden auch Bezeichnungen für Nichtlebewesliches moviert, wenn es uns irgendwie lebendig vorkommt: *Schreibmaschinerich und Photokopiermaschinin* (Taz 1996, IDS-Korpora), *Im Sturm werden auch oft Wind und Windin als einander jagende Wesen vorgestellt* (Petzoldt 1995: 192).

In den alten Bundesländern und in der deutschsprachigen Schweiz wird die Movierung – aus Gründen der political correctness Frauen gegenüber – besonders beflissen angewandt. Das führt gelegentlich zu komplizierten Konstruktionen wie *der Minister bzw. die Ministerin und der Stellvertreter des Ministers bzw. der Ministerin bzw. die Stellvertreterin des Ministers bzw. der Ministerin.* Vgl. Stickel 1998. Spöttische Okkasionalismen sind daher hier häufig: *Fraunach würden wir vielleicht ein bisschen Frauingssalat futtern [...] Bei dieser Gedänkin musste ich plötzlich laut aufheulen* (Taz 1995, IDS-Korpora). In den neuen deutschen Bundesländern und in Österreich wird übrigens weniger begeistert moviert;

überhaupt wird in den europäischen Sprachen kaum moviert. Vgl. Donalies 2005b: 44f.

Diminutiva Das Gegenmodell zur präfixalen Augmentation ist die suffixale Diminution. Besonders die Diminution ist universal verbreitet; die Augmentation ist universal an die Präsenz von Diminution gebunden. Die Diminution ist im Deutschen vital, die Augmentation eher halblebig. Vgl. Donalies 2006a. Diminutiva werden meist mit den einheimischen Suffixen -*chen* und -*lein* bzw. regionalen Varianten wie -*le*, -*li*, -*ke* gebildet. Regionale Unterschiede zeigen sich vor allem in der norddeutschen Tendenz zu -*chen* und der süddeutschen zu -*lein*: *Auf einem geführten Rundgang wurde den Kindern der Tierpark gezeigt. Anziehungspunkte waren das junge Elefäntlein, die Raubtiere mit Löwennachwuchs, das Affenhaus, die Pinguine und natürlich der Streichelzoo mit den Geisslein* (St. Galler Tagblatt 1998, IDS-Korpora). Intensivierende Affixhäufung ist möglich: *Es ist ein Tic. Ein Ticileinchen. Ich kann nichts dagegen tun* (Steinfest 2003: 152).

Bei der Diminution soll ausgedrückt werden, dass etwas kleiner ist als erwartet. Natürlich ist Größe relativ; deshalb gibt es auch Elefäntlein und Mäuschen. Vgl. Plank 1981: 94, Würstle 1992, Dressler/Merlini Barbaresi 1994, Wolf 1997. Diminutiva finden sich oft in ironischen, leicht gehässigen Kontexten: *Scharping, das tapfere Fraktionsvorsitzerlein der SPD* (Taz 1997, IDS-Korpora). Vgl. Hentschel/Weydt 2003: 196ff.

Dass Größe nicht nur bei Konkreta mitgedacht wird (von lat. *concretus* ‚verdichtet, substanziell, anfassbar‘), sondern auch bei Abstrakta (von lat. *abstractus* ‚weggezogen, fern, verallgemeinert‘), zeigen Diminutiva wie *Alltagskümmerchen* (Faz 1995, IDS-Korpora), *das abgenutzteste Ideechen* (Demski 1999: 15), *eine Stunde mußte gespielt werden, bis sich Güntensperger dann mal wieder ein Chancelein bot, sein Schuß aber war kein Problem für den gelangweilt vor seinem Tor stehenden Torhüter* (Frankfurter Rundschau 1998, IDS-Korpora).

Entgegen verbreiteter Meinung sind Diminutiva nicht nur ammen- und kindersprachliche Albernheiten; vielmehr drücken sie eine zarte Zärtlichkeit aus, die ja auch unter vernünftigen Erwachsenen manchmal sein darf:

> *Es war ein solcher Vormittag,*
> *wo man die Fische singen hörte;*
> *kein Lüftchen lief, kein Stimmchen störte,*
> *kein Wellchen wölbte sich zum Schlag.*
> (Morgenstern 1990: 139)

Die Bildung von Nomina actionis ist in allen europäischen Sprachen Nomina actionis hochvital (engl. *edition*, nl. *verleiding* ‚Verführung', frz. *inspiration*, poln. *gadanie* ‚Gerede'); im Deutschen dominiert das Suffix -*ung*, das mit fast allen Verben kombinierbar ist: *Adressierung, Anhörung, Atmung, Ausschließung, Befragung, Eingebung, Erinnerung, Gesundung, Hoffnung, Leistung, Öffnung, Profilierung, Sendung, Verehrung, Verwirrung, Zunei-gung.* So auch okkasionell *Die übrigen Wände waren weiß getüncht und kamen ohne jede Schmückung aus* (Steinfest 2005: 197), *Bereits die Be-nutzung des Toasters versagte er sich, um nicht eine unnötige und hässliche Krümelei zu verursachen, ganz abgesehen vom leichten Brandgeruch, den selbst moderate Toastungen zur Folge hatten* (Steinfest 2005: 266). Das Suffix transponiert. Erinnerung besteht darin, dass sich einer erinnert. Besonders in legeren Sprachstilen produktiv ist außerdem das Suffix -*e*: *Lache, Schreibe, die Biege machen.* So auch *Konfuzius predigte Pflicht-erfüllung, Treue* [...] *Halb Asien lebte seine Denke* (Allegra 5/1995: 205), *wenn sie trotz der Ermahnungen der Lehrer Hasche oder Fußball spielten* (Aehnlich 1998: 27), *Wir hopsten Hopse auf dem Trottoir* (Lander 1995: 14). Vgl. Renz 1996. Offenbar finden auch Kinder dieses Muster praktisch: Stern 1965: 409 verzeichnen *Kloppe* ‚Fleischklopfer', *Rauche* ‚Zigarette', *Stecke* ‚Haarnadel', *Summe* ‚Biene'. Allgemein etabliert sind: *Anklage, Frage, Hege, Pflege, Lüge, Rede, Taufe, Wende.*

Es konkurriert vor allem das Lehnsuffix -*ation*, das meist mit Kon-fixen kombiniert wird: *Adoption, Akklamation, Demonstration, Inspira-tion.* Selten ist -*at*: *Am Übergang zum Foyer traf er noch einmal den alten Oberkellner, der sich jetzt damit begnügte, das Personal zu dirigieren. Lukas-tik versuchte ihm einen Blick zuzuwerfen.* [...] *Doch der alte Mann war jetzt vollkommen in sein Dirigat vertieft. Er jonglierte geradezu mit seiner Mann-schaft* (Steinfest 2005: 223).

In allen europäischen Sprachen werden hochvital und weitgehend Nomina qualitatis unrestringiert Nomina qualitatis gebildet (engl. *dryness* ‚Trockenheit', frz. *tendresse* ‚Zärtlichkeit', ital. *bellezza* ‚Schönheit', poln. *parność* ‚Schwüle', ungar. *erősség* ‚Stärke'). Bei der Bildung von Nomina qua-litatis werden aus adjektivischen Bezeichnungen für Eigenschaften substantivische Bezeichnungen für Eigenschaften transponiert.

Im Deutschen hochaktiv ist dabei vor allem das Suffix -*heit*: *Blind-heit, Echtheit, Einfachheit, Extrovertiertheit, Gradheit, Klarheit, Klugheit, Lüsternheit, Sanftheit, Schönheit, Schüchternheit, Tollkühnheit, Verliebtheit, Wachheit.* So auch okkasionell *eine Hölle ist dieses Haus in seiner feinen Stillheit* (Broch 1974: 120), *weil er mit Berühmtheiten und Berüchtigt-heiten gesprochen hatte* (Koeppen 1975: 69), *Grauheit und Realnost herr-schen im Lande Gorbatschows* (Taz 1990, IDS-Korpora). Jemand, dem

Schönheit zugeschrieben wird, ist schön. Vgl. Oberle 1990. Eigenschaften bezeichnen auch Substantive auf -*keit* bzw. deren Suffixvariante -*igkeit*: *Bangigkeit, Gedankenlosigkeit, Heiterkeit, Schweigsamkeit, Tapferkeit*. So auch okkasionell *der Gestrigkeit entstiegen* (Broch 1974: 238), *Wirklichkeiten und Möglichkeiten, Gutigkeiten und Bösigkeiten* (Taz 1996, IDS-Korpora). Wem Gedankenlosigkeit vorgeworfen wird, der ist gedankenlos. Es konkurrieren vor allem die Lehnsuffixe -*ität* und -*ie* mit der Variante -*erie,* die sich vorwiegend mit entlehnten Adjektiven verbinden: *Attraktivität, Pikanterie*. Vgl. Banholzer 2005. Kaum noch vital ist das Suffix -*nis*; etabliert sind *Bitternis, Düsternis, Finsternis, Geheimnis, Ödnis, Wildnis, Wirrnis*. Auffällig und selten sind Okkasionalismen wie *Aufmupf & Frechnis zu frönen ist leicht* (Taz 1986, IDS-Korpora).

Während Nomina qualitatis „auf -*e* (bzw. ahd. -*ī*) früher unbeschränkt bildbar" waren: ahd. *blintī, snellī, jamarlichī,* mhd. *bittere, heitere, vinstere* (Plank 1981: 139), gelten sie heute als invital. Die Invitalität wird damit begründet, dass Substantive wie *die Dicke des Bretts* nicht eindeutig genug von Adjektiven wie *die Dicke von nebenan, eine dicke Mamsell* unterscheidbar seien und deshalb von Nomina qualitatis auf -*heit* ersetzt werden mussten. Vgl. Osman 1971: 70f. „Der Gebrauch, den Sprecher zu einer bestimmten Zeit von ihrer Sprache machen, folgt aber großenteils nicht strengen (oder gar ausnahmslosen) Regeln, sondern vergänglichen Konventionen. Wenn im Lexikon der untergegangenen Wörter z.B. angegeben wird, dass Abstrakta wie *die Feine, Gleiche, Trockene* durch *Feinheit, Gleichheit, Trockenheit* ersetzt wurden, weil sie mit den Adjektivformen zusammenfielen, so bleibt die Frage, warum dann [...] *die Breite, Tiefe, Dicke* und *die Weite* erhalten geblieben sind" (Adamzik 2004: 149). Und warum nicht nur zahlreiche -*e*-Substantive erhalten geblieben sind, so auch *Dichte, Größe, Schnelle,* sondern auch dauernd wieder welche gebildet werden: *Auch Lukastik konzentrierte sich nun auf die Umgebung, die weiten Felder und den hohen Himmel, der jetzt weniger blau war, sondern vielmehr aus einer blaustichigen, grellen Weiße bestand, wie die Autoscheinwerfer neuerer Modelle sie verströmten* (Steinfest 2005: 185), *Silbern schaut ihr Bild im Spiegel, fremd sie an im Zwielichtscheine, und verdämmert fahl im Spiegel, und ihr graut vor seiner Reine* (http://gutenberg.spiegel.de/trakl/gedichte/magd.htm).

substantivische Zirkumfixderivate   Das einzige Zirkumfix, das zur Bildung von Substantiven verwendet wird, ist *ge-...-e*. Es werden vor allem Nomina actionis gebildet, also Substantive, die eine Tätigkeit ausdrücken: *Geblubbere, Gedränge, Gefauche, Gehopse, Geklimpere, Gemeckere, Gerede, Gerufe, Geschaue, Gezanke*. Vgl. Neef 1996, Harden 2003. Diese nahezu unbeschränkte

Bildungsmöglichkeit wird häufig auch okkasionell genutzt: *Bundes-tagspräsidentin Antje Vollmer und Außenminister Kinkel meiden das wichtigtuerische Gejette* (Taz 1996, IDS-Korpora), *Das Wetter bis Samstag früh: Ungut launisch im Norden, zwangsneurotisches Geregne, Geböe und Geschaure im ganzen Land* (Taz 1996, IDS-Korpora). ⟋ß. S. 24 f

Verwendet werden außer Verben auch Präverbfügungen, wobei jeweils nur das Verb (*brüllen*) zirkumfigiert wird, das Präverb (*an*) wird morphologisch abgetrennt: *Angebrülle, Eingeschleime, Durchgekaue, Herbeigerede, Rumgespringe, Zugeklotze.*

Mit *ge-...-e* leiten wir Substantive meist ab, um ein negatives Tun auszudrücken, übrigens unabhängig davon, ob ein negativ oder positiv konnotiertes oder neutrales Verb zugrunde liegt: Zum Beispiel vom *Gerede des Bundespräsidenten* zu sprechen, ist einigermaßen despektierlich. Daneben finden sich aber auch positiv konnotierte Derivate wie in *Über dem Goldgelb des Rapsfeldes das Geschäume der Kirschbäume* (Rezzori 1996: 6) – vielleicht hat's der Dichter hier aber auch des Reimes wegen getan. Weniger genutzt wird die Möglichkeit, Kollektiva aus Substantiven zu bilden: *Gebirge, Gestänge.*

Mitunter werden auch die sprachhistorisch relativ alten nomina actionis des Typs *Getratsch, Gezänk* und Kollektiva wie *Geäst, Gebüsch, Gefieder, Gestüt, Gewässer, Gewölk, Gewitter* als Zirkumfixderivate angeführt, wobei das *-e* des Zirkumfixes apokopiert worden, d.h. im Verlauf der Sprachgeschichte entfallen wäre. Wie Olsen 1991 zeigt, lassen sich Wörter wie *Getratsch* aber eher auf eine ahd. Flexionseigenart zurückführen. Häufig sind die älteren, heute invitalen Formen ohne *-e* Parallelen zu den hochaktiven aktuellen mit *-e*: *Geheul* und *Geheule, Gestöhn* und *Gestöhne.*

Das Deutsche ist berüchtigt für seine abundant genutzte Substantivkomposition. Tatsächlich ist die explizite Substantivderivation weniger ausgebaut als in manchen anderen Sprachen. So nutzen französische Sprecherschreiber die explizite Derivation sehr viel kreativer: Mit einem Derivat wird dort vielerlei ausgedrückt, was in germanischen Sprachen wie dem Deutschen oder Englischen mit einem Kompositum gesagt wird:

Transposition
Kollektiva

substantivische Derivate im Sprachvergleich

Milchmann	*milkman*	*laitier*
Salatschüssel	*saladbowl*	*saladier*
Schachbrett	*chessboard*	*échiquier*
Apfelbaum	*appletree*	*pommier*

Zur expliziten Adjektivderivation können die meisten Wortbildungseinheiten verwendet werden, vor allem Substantive, Adjektive,

adjektivische Derivate

Verben und Präverbfügungen, aber auch Konfixe und Phrasen. Zu unterscheiden sind die adjektivische Präfix-, die adjektivische Suffix- und die adjektivische Zirkumfixderivation.

adjektivische Präfixderivate — Viele Präfixe expliziter Adjektive wie *erz-* (*erzkonservativ*), *hyper-* (*hyperschlau*), *mega-* (*megamodern*), *un-* (*unmöglich*) und *ur-* (*urgemütlich*) kennen wir schon von der Bildung der Substantive her. Auch hier haben sich zahlreiche Entlehnungen etabliert: *a-, bi-, hyper-, mega-, poly-*. In der Regel determinieren die Präfixe. So besagt *hyperschlau* ‚schlau, und zwar besonders schlau, in übertriebenem Maße schlau'.

Typische adjektivische Präfixderivate sind

unfreundlich
alogisch
inaktiv

Negativa Falsifikativa — Die Präfixe *un-* und *a-* mit der Variante *an-* negieren: Wer unfreundlich ist, ist nicht freundlich; alogisch ist nicht logisch. So auch *amoralisch, anorganisch, anormal, areligiös, asozial, asymmetrisch*. Negierend wirken auch *de-* mit den Varianten *des-, dis-* sowie *in-* mit den Varianten *il-, im-*, die in der Regel mit Lehnadjektiven kombiniert werden: *desartikuliert, desengagiert, desillusioniert, desinformativ, desintegrativ, desorganisiert, dezentral, disfunktional, disharmonisch; inaktiv, instabil, immobil, illegal*. So auch die *disökologische* (und teure) *Plattierungsseuche auf den Friedhöfen* (Taz 1993, IDS-Korpora). Vgl. Klosa 1996.

Augmentativa — Wie schon bei den Substantiven, hebt das Präfix *erz-* hervor: *erzfaul, erzkonservativ, erzreaktionär*. So auch *Nach Florida fuhr ich, um diese Hypothesen zu überprüfen. Ich war erzbereit, sie samt und sonders über Bord zu werfen* (Lorenz 1998: 20). Wer erzkonservativ ist, hebt sich unter den Konservativen durch besonderen Konservativismus hervor. Auch hier verwenden wir oft lieber modernere Lehnpräfixe wie *hyper-* und *ultra-*: *hyperaktiv, hypergemein, hypernervös, hyperschlau, ein nasales, ultrafeminines affektiertes Gesäusel* (Bourdain 2001: 38), *Leichte Infektionskrankheiten kurbelten das Immunsystem an, eine „ultrasaubere" Umgebung behindere dagegen seine Entwicklung* (Spiegel 2001, IDS-Korpora).

adjektivische Suffixderivate — Die wortartenspezifischen Suffixe der Adjektivbildung sind semantisch zum einen Transponierer (*schmeichelhaft*), hier ändert sich nur die grammatische Funktion, nicht aber die kategorielle Bedeutung: Eine schmeichelhafte Bemerkung schmeichelt. Zum anderen sind Adjektivsuffixe Determinantien (*gelblich*).

Typische adjektivische Suffixderivate sind

brennbar
verwundbar
einnehmbar

Im Prinzip sind alle Verben mit *-bar* kombinierbar. Okkasionalismen
sind häufig: *dass die Sandgrube namens Französische Straße endlich befahr-,*
begeh- und bebummelbar ist (Die Zeit 1996, IDS-Korpora), *das Material*
muss verrottbar sein (Frankfurter Rundschau 1999, IDS-Korpora). Die
immer wieder angegebenen Restriktionen lassen sich leicht wider-
legen: So sieht etwa Hahn 1993: 119 eine „deutliche Restriktion",
Verben auf *-ig(en)* mit *-bar* zu verbinden. „Das in den Tagebüchern
belegte *vernachlässigbar* weist Musil als einen Autor aus, der sich
auch über morphologische Gesetzmäßigkeiten hinwegsetzt" (ebd.).
Dagegen sprechen Belege wie *bewältigbar* (Berliner Zeitung 2000,
IDS-Korpora), *rechtfertigbar* (Taz 1990, IDS-Korpora), *beschleunigbar*
(St. Galler Tageblatt 1998, IDS-Korpora). Bei transitiven Verben ergibt sich eine passivische Lesart: Ein versenkbares Schiff kann ver-
senkt werden. Bei intransitiven Verben ist die Lesart aktivisch: Ein
sinkbares Schiff kann sinken. Mit *-bar* konkurriert das Suffix *-sam*:
biegsam, unterhaltsam, wirksam. Vor allem mit Konfixen verbindet sich
das konkurrierende Lehnsuffix *-abel*: *akzeptabel, blamabel, diskutabel,*
interpretabel. Die Wortbildungsprodukte sind überwiegend passivisch
zu lesen: Ein akzeptabler Vorschlag ist ein Vorschlag, der akzeptiert
werden kann. Daneben gibt es eine aktivische Lesart: Ein spendabler
Vater ist ein Vater, der offenbar gerne spendiert.

Die meisten Adjektivderivate werden mit den Suffixen *-ig*, *-isch*
und *-lich* gebildet: So drückt etwa *dornig, felsig, freudig, fruchtig, ge-*
duldig, gütig, kitschig, kurvig, seidig, vorsichtig, empathisch, hämisch, lau-
nisch, neidisch, stürmisch, glücklich, leidenschaftlich, schmerzlich, zuversicht-
lich aus, dass das vom attribuierten Substantiv Bezeichnete das vom
Adjektiv Bezeichnete hat: Eine dornige Rose hat Dornen, ein aro-
matischer Kaffee Aroma, ein leidenschaftlicher Saxophonist Leiden-
schaft. Häufig sind auffällige Okkasionalismen wie *ein glatziger Zwerg*
mit buschigen Augenbrauen (Broch 1974: 193), *Spannend wird es erst mit*
der lichterkettigen Liberalität, wenn auch in besser gestellten Vororten Türken
im Hausflur grillen (Max 4/1996: 47), *Für geschmackige Kuchen sind die*
Sachsen bekannt (elle bistro 3/1998: 22), *Der Nachmittag bei Klassik-*
Radio: Jetzt noch wunschiger (Hörbeleg Klassik-Radio 17.8.2001), *ein*
grasiger Ort mit Bäumen (Baker 2005: 59), *die schluchtigen, von kal-*
ten Bächen durchsprudelten Täler (Hürlimann 2001: 114), *Selbst Carlo*
Holzer, den nichts außer Fassung bringen konnte, war dem Kognak un-

Potenzialia

Partitiva

terlegen. Die Marignano-Schuhe standen in der Ecke. Er tobte strümpfig im Atelier umher (Frank 1999: 46), *sein zahnlückiges Grinsen* (Jones 2004: 56). Mitunter konkurriert das Suffix *-sam*: *gewaltsam, tugendsam*. Ein tugendsames Mädchen ist ein Mädchen mit Tugend, eine gewaltsame Lösung eine Lösung mit Gewalt. Konkurrierend werden auch Lehnsuffixe wie *-ös* eingesetzt: *glamourös, medikamentös, skandalös, tumultös*. Ein glamouröser Auftritt ist ein Auftritt mit Glamour; eine medikamentöse Behandlung eine Behandlung mit Medikamenten.

Identitiva   Häufig lesen wir daneben auch Identitäten heraus: Ein schrottiger Alfa ist Schrott, ein gemüsiger Auflauf besteht substanziell aus Gemüse. So auch *eingepackt in einem gummigen Stützstrumpf* (Hürlimann 2001: 108), *Der Hund aller Hunde ist der Schäferhund. Hundigere Hunde gibt es nicht* (Dekkers 2004: 114), *Nach einem Kilometer hielt Lukastik an einer kleinen Raststätte, einem erdgeschossigen Komplex mit dem Charme einer Garage* (Steinfest 2005: 183). Auch hier konkurrieren weitere Suffixe, zum Beispiel *-en* und *-ös*: Eine bronzene Statue besteht aus Bronze, ein goldener Ring aus Gold, eine strapaziöse Wanderung ist eine Strapaze.

Vergleiche   Mitunter wird verglichen: Milchiges Licht sieht aus, als bestünde es aus Milch. So auch *pfauenfedrige* Wolken. Häufig sind Adjektive, die auf Personenbezeichnungen zurückgehen: *ketzerisch, kämpferisch, knechtisch, majestätisch, mönchisch, räuberisch, schelmisch, sklavisch, soldatisch*. Wer majestätisch schreitet, kommt wie eine Majestät daher.

Diminutiva   Das Suffix *-lich* relativiert häufig in Kombination mit Adjektiven: *gelblich, bläulich*. Bläulich ist etwas, das nicht ganz so blau ist wie erwartet, eben nur ein bisschen blau. Ein süßlicher Geschmack ist nur irgendwie süß.

Negativa   Negierend wirkt *-los*: *charakterlos, ehrlos, ergebnislos, fensterlos, lustlos, mühelos, phantasielos, schrankenlos, schuldlos, wertlos, zahnlos, zügellos*. Die Adjektive drücken aus, dass etwas nicht vorhanden ist. Ein ehrloser Mann hat keine Ehre; wer schuldlos in einen Unfall verwickelt wird, hat keine Schuld. Je nach zugrundeliegendem Substantiv ist das Fehlen konnotiert: Eine ausweglose Situation ist unangenehm, eine komplikationslose Operation natürlich angenehm. Selten sind Kombinationen mit Verben: *reglos*. Hier bevorzugen wir offenbar deverbale Substantive als Basis: *die warnungslose Torpedierung* (Die Zeit 1995, IDS-Korpora), *ahnungslos, hemmungslos, hoffnungslos*. Was by the way ein gutes Gegenargument gegen die vielbeschworene Sprachökonomie ist.

Mit dem Suffix *-isch* werden Konfixe syntaktisch als Adjektive nutzbar gemacht: *fanatisch, geologisch, identisch*. Mitunter betont *-isch* bei entlehnten Adjektiven vor allem den Adjektivstatus; so wurde engl. *sentimental* zunächst in der Form *sentimentalisch* eingedeutscht. Transponierer ist außerdem *-sam*: *duldsam, enthaltsam, folgsam, heilsam, kleidsam, schweigsam*. Ein folgsames Kind folgt, ein heilsamer Schock heilt. So auch okkasionell *Sie sind sehr schonsam mit meiner Kirche umgegangen* (Taz 1997, IDS-Korpora). Häufig werden Adjektive aus Verben auch mit *-lich* transponiert: *dienlich, erbaulich, hinderlich, schädlich, sterblich, zögerlich*. Wer zögerlich ist, zögert. Mitunter finden sich passivische Lesarten: Wer respektierlich ist, wird respektiert.

Transposition

Als einziges Zirkumfix zur Bildung von Adjektiven findet sich *ge-...-ig*. Es wird ausschließlich mit Verben kombiniert. Sprecherschreiber nutzen diese Möglichkeit heute jedoch offenbar nicht mehr; die wenigen zirkumfigierten Adjektive sind etabliert: *gefügig, gehässig, geläufig, gelehrig*.

adjektivische
Zirkumfixderivate

In der Forschungsliteratur werden mitunter auch Adjektive des Typs *bebrillt* und *gefleckt* als Zirkumfixprodukte interpretiert; sie gelten dann als Scheinpartizipia: *Einem altertümlich getürmten und geschwärzten, von Wassergräben umzogenen Schlosse gegenüber, schimmert ein freier, leichter, heiterer, flachgedeckter italienischer Palast im schönsten Grün eines weiten Gartens* (http://gutenberg.spiegel.de/arnim/dolores/dolo101.htm). Offenbar sind sie aber Adjektivierungen echter Partizipformen; das *-t* ist nämlich ein gängiges Flexionssuffix zur Bildung von Partizipien: *Ein Butterbrotpapier im Wald – da es beschneit wird, fühlt sich kalt* (Morgenstern 1990: 110). Adjektive wie *eine beampelte Kreuzung, das bemützte Kind, der befrackte Ober, der besternte Himmel* erklären sich stimmiger als Konvertate: Sie basieren auf ornativen Verben, die vom System her durchaus gängig sind. Formen wie in *Die Stadt beampelt die Lessingstraße und am Abend besternt Gott den Himmel* werden zu partizipialen Adjektiven konvertiert: *eine beampelte Kreuzung, ein besternter Himmel*.

Adjektivierung
von Partizipien

Zur Bildung expliziter Verbderivate verwenden wir vor allem Substantive, Adjektive und Verben, häufig machen wir auch Konfixe syntaktisch als Verben nutzbar. Besonders ausgebaut ist die verbale Präfixderivation; weniger vital ist die verbale Suffixderivation. Zirkumfigierung ist auch bei der Verbbildung selten.

verbale Derivate

Verben haben nur wenige Präfixe mit den Wörtern anderer Wortarten gemeinsam, so mit Substantiven und Adjektiven die Präfixe *ko-* (*kooperieren*) und *miss-* (*missdeuten*). Alle Präfixe dagegen, die wesentlich zum Ausbau des Verbwortschatzes beitragen, nämlich *be-, ent-,*

verbale
Präfixderivate

er-, ver- und zer-, sind spezifisch für die Wortart Verb: *begehen, entgehen, ergehen, vergehen, zergehen.* Semantisch gesehen kann ein Verbpräfix Determinans (*erblühen*) oder Determinatum sein (*vergolden*).
Typische Präfixverben sind

bebildern

begrenzen

beschatten

Ornativa Das Präfix bezeichnet bei diesen Verben eine hinzufügende Tätigkeit, die vom zugrundeliegenden Substantiv näher bestimmt wird: Wer ein Buch bebildert, versieht es mit Bildern. So auch *verglasen, vergolden, verkabeln, verpflastern, verschalen, verschleiern, verschnörkeln.* Wer ein Fenster verglast, versieht es mit Glas. In Kombinationen mit Adjektiven bezeichnet das Präfix eine Tätigkeit, die eine Eigenschaft herbeiführt: *erbleichen, erfrischen, ergrauen, erheitern, erhellen, erklären, erkühnen, ermöglichen, ermutigen, ernüchtern, erröten, erwärmen, erweichen.* Wer jemanden erheitert, macht ihn heiter; wer erbleicht, wird bleich. So auch *beengen, befähigen, befreien, begrünen, beruhigen, betreuen, entfernen, entblößen, entfremden, entledigen, verarmen, verblassen, verdeutlichen, verdünnen, verewigen, verniedlichen, versüßen, vertiefen, zerkleinern.* Wer jemanden befreit, macht ihn frei; wer sich entblößt, macht sich bloß; wer verarmt, wird arm. Die vieldiskutierte negative Nuance der *ver*-Verben besteht offenbar nicht: Neutralität (*verflüssigen*), positive Konnotation (*verbessern*) oder negative Konnotation (*verarmen*) bringen bereits die Adjektive mit; das Präfix ändert daran nichts.

Privativa Gegenmodelle zu den Ornativa sind Privativa: *entführen, entkernen, entmutigen.* Bei Verben aus Substantiven wie *entblättern, entehren, entgräten, enthaupten, entkleiden, entkorken, entkrampfen, entmachten, entthronen, entvölkern, entwurzeln* bezeichnet das Präfix eine Tätigkeit, bei der etwas entfernt wird. Wer einen Fisch entgrätet, entfernt die Gräten; wer einen Diktator entmachtet, nimmt ihm die Macht. Bei Derivaten mit adjektivischer Basis wie *entpeinlichen, entmutigen* kann das Präfix auch eine Tätigkeit ausdrücken, die eine Eigenschaft ungültig macht. Eine entmutigende Antwort nimmt einem den Mut. Bei Ableitungen aus Verben werden vor allem Tätigkeiten bezeichnet, die etwas entfernen: *entfliehen, entführen, entgehen, entladen, entleihen, entlocken, entschlafen, entsorgen, entweichen.* Wer jemanden entführt, führt ihn weg; wer entschläft, entfernt sich im Schlaf von der Welt; wer jemandem etwas entlockt, lockt es heraus. Das Präfix drückt außerdem aus, dass eine Tätigkeit wieder zurückgenommen wird: Wer seinen Wagen entlädt, lädt Eingeladenes wieder aus.

Tätigkeiten benötigen mitunter ein Instrument. Meist drücken wir Tätigkeiten mit bestimmten Instrumenten durch Konvertate aus (*pinseln*), gelegentlich werden aber auch Präfixverben gebildet: *befingern, beäugen, erdolchen, vertäuen*. Wer jemanden erdolcht, tötet ihn mit einem Dolch; wer sein Boot vertäut, tut das mit einem Tau. So auch *wie handfest José Clemente Orozco seinen Christus das verfluchte Kreuz zerbeilen lässt* (Die Zeit 1997, IDS-Korpora), *Wie erfiltert sich der Linguist die Bedeutung aus Belegen?* (Heringer 1999: 41). `Instrumentiva`

Daneben lesen wir mitunter auch eine Verhaltensähnlichkeit heraus: Wer jemanden bewirtet, handelt an ihm wie ein Wirt. So auch *bemuttern, sich ermannen*. Wer sich ermannt, verhält sich mutig wie ein Mann. `Vergleich`

Mit Verben wie *verfilmen, vergletschern, verkitschen, verschrotten, versklaven, verslumen, vertrotteln, versumpfen, vertonen* sagen wir aus, dass sich jemand oder etwas umwandelt: Versumpft eine Waldgegend, wird sie zu Sumpf; wer jemanden versklavt, macht ihn zum Sklaven. `Faktitiva`

Die Lesarten deverbaler *be*-Präfigierungen wie *bedrucken*, bekleben, beleuchten, beladen, bereden, bereisen, beschenken, beschreiben, bespielen, bestaunen, beziehen, beweinen* sind vielfältig; gemeinsam ist allen eine Gerichtetheit: Ein Hund, der eine Wurst beschnüffelt, schnüffelt an einer Wurst. So auch der aggressive Mensch, *der um Mitternacht dringend einen anderen betelefonieren will* (Haefs 1993: 88). Die Gerichtetheit drückt sich auch in der geänderten Valenz aus: Die Derivate sind grundsätzlich transitive Verben, das heißt, Verben, die ein direktes Objekt verlangen: *Der Hund beschnüffelt die Wurst.* Die Valenz steuert außerdem die Perspektive: Das Objekt, auf das die Tätigkeit wirkt, verschiebt sich in den Mittelpunkt: `räumliche Gerichtetheit`

Hans-Peter streicht Odas Sauerkirschmarmelade auf sein Brötchen.
Hans-Peter bestreicht sein Brötchen mit Odas Sauerkirschmarmelade.

Aus der Gerichtetheit ergibt sich mitunter eine vollkommene Zerstörung, besonders bei ohnehin aggressiven Tätigkeiten: *zerbröckeln, zerhacken, zerknittern, zerkratzen, zerkrümeln, zerlegen, zerquetschen, zerschneiden, zerspalten, zerwühlen*. Zerschneidet jemand Wurst, schneidet er die Wurst ganz und gar auf; zerbricht jemand eine Kaffeekanne, ist die Kanne ganz und gar in Scherben. Hier konkurriert *er-*: *erschießen, erwürgen, erhängen*. Wer jemanden erwürgt, würgt ihn bis zu dessen Ende. Eine sanftere Gerichtetheit signalisiert *er-*, wenn es entsprechend seiner Herkunft (ahd. *ur* ‚aus heraus') eine Heraus- und Aufwärtsbewegung versprachlicht: *erbauen, sich ergießen, erlösen, errichten, erspüren.* Wasser ergießt sich aus einem Krug über den Tisch; wer ein gutes Fengshui erspürt, spürt es heraus.

Inchoativa
Perfektiva
  Aus der Herkunft des Präfixes *er-* hat sich außerdem die Lesart eines zeitlichen Auftaktes entwickelt: *erblühen, erklingen, erschallen, erstrahlen, ertönen.* Erblüht eine Chrysantheme, blüht sie soeben auf. Ein Ende wird durch *ver-* signalisiert: *verblühen, verklingen.*

Negativa
Falsifikativa
  Negation wird vor allem durch *miss-* ausgedrückt: *missachten, missglücken, misshandeln, missinterpretieren, missraten, misstrauen, missverstehen.* So auch *dass man die Goethe-Zeilen „Bist, ach [...]" problemlos für Heine-Zeilen miss-lesen könnte* (Die Zeit 1996, IDS-Korpora); *so lange moderne Gesellschaften die ‚neue Unübersichtlichkeit' und den ‚Orientierungsdschungel' kokett als die Bedingungen einer kollektiven Schnitzeljagd missbeschreiben* (Die Zeit 1997, IDS-Korpora). Das Präfix dient der Negation und Relation. Es wird zum einen ein Nichttun ausgedrückt: Wer einen weisen Rat missachtet, achtet ihn nicht. Zum anderen ein falsches Tun: Wer eine Situation missdeutet, deutet sie falsch. Hier konkurrieren reflexive *ver-*Verben: *sich verrechnen*, sich verwählen. Wer sich verrechnet, rechnet falsch: *Der Meister der Kalkulationen hat sich verrechnet. Er dachte, dass man sportliche Höchstleistungen abonnieren könne, wenn man in der ganzen Welt berühmte Spieler zusammenkauft* (Die Zeit 2004, IDS-Korpora).

verbale
Suffixderivate
  Während die verbale Präfixderivation gut ausgebaut ist und vielfältig genutzt wird, ist die Verbsuffigierung – zumal im Vergleich zur Substantivsuffigierung – augenfällig ärmlich. Verwendet werden vor allem Lehnsuffixe wie *-ier* mit Varianten wie *-ifizier, -isier*, mit denen meist eine Konfixbasis als Verb nutzbar gemacht wird: *frisieren*, *solidarisieren*, mitunter aber auch Lehnadjektive: *aktivieren, banalisieren, immunisieren, intensivieren, komplettieren, konkretisieren, legalisieren, marginalisieren, mobilisieren, privatisieren, zentralisieren.* Selten sind Kombinationen mit einheimischen Adjektiven: *halbieren, stolzieren.* Vgl. Fleischer 1997, Koskensalo 1999.

Faktitiva
  Mit Adjektiven werden vor allem faktitive Verben gebildet: Wer jemanden aktiviert, macht ihn aktiv; wer eine Brücke stabilisiert, macht sie stabil. Hier ist das Suffix Determinatum.

Diminutiva
  Bei suffigierten Verben wie *spötteln* aus *spotten* ist das Suffix Determinans: Wer spöttelt, spottet, und zwar ein bisschen, eher scherzhaft und leichthin. Neben etablierten Verben wie *brummeln, deuteln, lächeln, streicheln, tröpfeln, zischeln* finden sich auch Okkasionalismen, die die Vitalität des Suffixes belegen: *draußen klöpfelten die Fliegenschwärme*

an die heißen Bretter der Brückenverschalung (Guggenheim 1980: 42),
und nickt und grinselt (Späth 1988: 65), *der in seiner Rezension unkelt*
(Taz 1995, IDS-Korpora), *wir warten nicht, wir warteln* (Taz 1995, IDS-
Korpora), *Volkert pfiffelte das blöde Madagaskarlied vor sich hin* (Loest
1995: 379). Selten konkurriert das Suffix *-er*: *weit her, aus den Kin-
derjahren blinkert die längst verlorene Naivität der frühesten Geschichten*
(Brězan 1999: 194).

Zirkumfigierung wird auch zur Bildung von Verben selten genutzt. verbale Zirkumfixderivate
Im Deutschen sind nur zwei Verbzirkumfixe üblich. Mit dem Zirkumfix
be-...-ig werden Substantive und Adjektive zu Verben abgeleitet: *belo-
bigen, begnadigen, beköstigen, beerdigen, beseitigen* und *begradigen, besänftigen, beschönigen.* Desubstantiva sind ornativ: Wer jemanden beköstigt,
gibt ihm Kost. Mitunter wird aber auch eine Tätigkeit versprachlicht,
bei der etwas lokalisiert wird: Wer etwas beseitigt, schafft es zur Seite.
Deadjektiva sind faktitiv: Wer etwas begradigt, macht es gerade. Das
äußerst seltene Lehnzirkumfix *in-...-ier* und dessen Variante *in-...-isier*
bezeichnet eine Tätigkeit, die durch eine Ortsbezeichnung näher bestimmt wird: *inszenieren, inthronisieren.* Wer jemanden inthronisiert,
bringt ihn auf einen Thron. Verbale Zirkumfixe sind immer Determinata.

> *Arschlings! Das ist doch kein* adverbiale
> *Dorf, das ist doch ein Fachausdruck.* Derivate
> *Arschlings heißt von hintenwärts,*
> *von hintenherwärts.*
> (Valentin 2006: 7)

Durch explizite Derivation entstehen nicht nur Substantive, Adjektive und Verben, sondern auch Adverbien. Meist werden Substantive
mit Suffixen zu Adverbien abgeleitet, so mit den Suffixen *-halber*
(*probehalber, umstandshalber*), *-lings* (*bäuchlings, rücklings*), *-s* (*angesichts,
abends*), *-wärts* (*feindwärts, talwärts*). Dass die explizite Derivation mit
diesen Suffixen vital ist, zeigen auch Okkasionalismen wie *zwei sich
mundlings berührende Fischchen* (Taz 1988, IDS-Korpora), *so rasant
strebt es aber dann durch alles Hin und Her verhängniswärts* (Taz 1994,
IDS-Korpora), *Wer sich in vielen seiner Bücher so freundlich plauderlings
gibt, den meint man zu kennen* (Hanuschek 1999: 10). Mitunter werden
auch Adjektive zu Adverbien abgeleitet, vor allem mit den Suffixen *-dings* (*neuerdings, schlechterdings*), *-ens* (*wärmstens, schnellstens*),
-lei (*beiderlei, solcherlei*), *-weg* (*glattweg, rundweg*). Eher selten werden
Wörter anderer Wortarten herangezogen, etwa Präpositionen und
Adverbien: *aufwärts, hinabwärts.*

4_2 Intern verändernde Wortbildungsarten)

Neben den beiden kombinierenden Verfahren nutzen wir im Deutschen zwei Verfahren, bei denen eine Wortbildungseinheit intern verändert wird:

▶ Konversion
▶ implizite Derivation

_Konversion)

> **Der** *Vergess*
> *Er war voll Bildungshung, indes,*
> *soviel er las*
> *und Wissen aß,*
> *er blieb zugleich ein Unverbess*
> *ein Unver, sag ich, als Vergess;*
> *ein Sieb aus Glas,*
> *ein Netz aus Gras,*
> *ein Vielfraß –*
> *doch kein Haltefraß.*
> (Morgenstern 1990: 122)

> Bei der Konversion werden allein durch Wortartwechsel Konvertate gebildet.

Charakteristisch für die Konversion ist, dass der Wortartwechsel nicht durch morphologisch fassbare Einheiten bewirkt wird; nichts wird hinzugefügt, nichts weggenommen. Gelegentlich wird umgelautet, so bei der Konversion von *Kopf* zu *köpfen* oder *Haut* zu *häuten*. Vgl. Vogel 1996, Eschenlohr 1999, Barz 2002.

substantivische Konvertate   Am häufigsten und unrestringiertesten werden Substantive aus Verben konvertiert, besonders aus Infinitivstämmen, mitunter auch aus Phrasen, aus Wörtern anderer Wortarten oder aus Affixen, weniger dagegen aus Adjektiven.

substantivische Konvertate aus Infinitiven   Die Konversion aus Verbinfinitiven ist im Deutschen ganz unrestringiert: Jedes Verb kann auf diese Weise substantiviert werden: *das Laufen, das Gehen, das Sehen, das Stehen*. Konvertiert werden können auch alle Präfixverben und Präverbfügungen (*das Verfluchen, das Vorgehen*) sowie alle Verbphrasen mit Reflexivpronomen (*das Sich-Verweigern*). Vgl. Barz 1998. Infinitivkonvertate sind immer Neutra. Diskutiert wird, ob sie überhaupt wortgebildet sind. Vgl. Wurzel 1988, Leser 1990. Für eine Zuordnung zur Wortbildung spricht, dass Wortbildung ja definiert wird als ein Verfahren zur Erweiterung des Wortschatzes und bei der Infinitivkonversion der Wortschatz um Substantive erweitert wird, die sich durch substantivtypische Merkmale deutlich von den zugrundeliegenden Verben unterscheiden: So zeigen sie zum Beispiel die substantivspezifische Flexion mit -*s*: *des Laufens müde*.

Häufig bilden wir auch Konvertate aus Präsensverbstämmen: *der Lauf, der Fluch, der Schlaf, der Schwenk, der Start, der Stau, der Tausch, der Treff*. Konvertiert werden auch Präfixverben und Präverbfügungen: *der Erlös, der Verbrauch, der Abwasch*. Verbstammkonvertate sind meist Maskulina; Ausnahmen sind etwa *die Abwehr, das Versteck, das Verdeck*. Die Vitalität des Musters zeigen Okkasionalismen wie *Sie sagen, das sei kein Borg, das sei eine Bettelei* (Kesten 1948: 152), *Und ich erinnere mich an die große kalte Küche unseres Hauses, deren Fliesenboden immer von frischem Aufwisch feucht war* (Koeppen 1975: 44f), *allerdings war das Gewebe* [des Schirms] *den Wassermassen nicht gewachsen, zersiebte lediglich die Tropfen zu Niesel* (Woelk 1995: 167), *Auszuckerung und Nachdunklung bedeuten keinen Verderb, sondern sind natürliche Vorgänge* (Aufschrift auf einer Tüte mit Sonnenblumenkernen der Firma Kluth 1998), *Burton, ein Kind der Woodstock-Generation, der in einer Werbeagentur jobbt und nur einen kleinen Ausflipp hatte nehmen wollen* (Koenen 2003: 15).

substantivische Konvertate aus Verbstämmen

Ebenfalls Konvertate sind Wortbildungsprodukte wie *Wurf, Betrieb, Biss, Riss, Ritt, Tritt, Verbot, Zwang*. Sie werden in der Forschungsliteratur auch als implizite Derivate interpretiert, sind aber offenbar unmittelbar aus aktuellen bzw. alten Präteritumsstämmen konvertiert, etwa *Wurf* aus mhd. *wurf-, Betrieb* aus dem gegenwartssprachlichen Stamm *betrieb-* (*sie betrieb eine Herrenboutique in Wuppertal*). Okkasionalismen sind rar; mitunter werden aber etablierte Substantivierungen wie *Flug* oder *Tritt* präverbfüglich ausgebaut: *China hatte den Überflug verboten* (Die Zeit 2004, IDS-Korpora), *Kurz hinter Ahlbeck liegt die polnische Grenze. Übertritt nur für Fußgänger und Radfahrer* (Die Zeit 2004, IDS-Korpora).

Aus Verben konvertierte Substantive sind meist transponiert; es findet ein Wortartwechsel statt, von dem die kategorielle Bedeutung nicht betroffen ist: *Das Laufen* bezeichnet, dass einer läuft. Mitunter werden auch Begriffe versprachlicht, die irgendetwas mit der vom Verb bezeichneten Tätigkeit zu tun haben: Ein *Betrieb* ist ein Ort, an dem etwas betrieben wird; ein *Sitz* ist ein Gegenstand, auf dem man sitzen kann.

semantische Möglichkeiten

substantivische
Konvertate aus
Adjektiven

Eher selten werden Substantive aus Adjektiven konvertiert: *das Rot des Feuers.* So auch *Ein umlaufendes Kranzgesims, das ebenso sparsam gestaltet ist wie die Kapitelle, begrenzt das Erdgeschoss, das schwer in seinem Düster lastet* (Illig 2000: 24f), *Als Letztes sollst du wissen, dass hier der texanische Winter eingezogen ist. Aber welch ein schlapper und dürftiger Winter! Da sollten die sich mal ein Beispiel an unserem deutschen Matsch und Wind und Grau und Kalt nehmen* (Becker 2004: 207). Häufiger bilden Sprecherschreiber dagegen personenbezeichnende Konvertate mit adjektivischer Basis wie *Der Vergess.* So auch *der alte Unverzagt* (Barlach 1988: 271), *ein korrekt gekleideter Stehkragenneureich* (Mahlsdorf 1992: 162).

Ellipsen

Wörter wie *der Charmante, die Kluge* werden mitunter den Konvertaten zugerechnet. Substantive aus Adjektiven können sie allerdings nicht sein. Es gibt im Deutschen nämlich keine Substantive, die adjektivisch flektiert werden oder Komparativ- und Superlativformen haben. Wörter wie *im kleinen Schwarzen, der Charmantere, der Behutsamste* verhalten sich eindeutig wie Adjektive. Normale Adjektive sind sie aber auch nicht, weil es allen gängigen Syntaxtheorien widerspricht, dass in Substantivphrasen keine Substantive zu sehen sind und also das Adjektiv den Kopf bilden würde. Möglicherweise könnten wir sie als Ellipsen verstehen, als Substantivphrasen mit einem Substantiv, das nicht unbedingt expliziert werden muss: *der charmante (Kerl, Knabe, Mann, Mensch, Typ), das kleine schwarze (Kleid).* So auch *Onkel Helmuth und Tante Hertha fuhren wieder mit der Elektrischen* (Rezzori 1990: 219), *Nein, sagte ich, ich habe keinen Blassen, wovon du sprichst* (Zeh 2003: 345).

substantivische
Konvertate
aus sonstigen
Einheiten

Außer aus Verben und Adjektiven werden Substantive auch aus sonstigen Wörtern und aus Phrasen konvertiert: *das Ich, kein Aber; das Vergissmeinnicht, das Für-alle-Fälle.* Diese Konvertate sind irgendwie auffällig, aber vom System her erlaubt und auch zahlreich belegt: *Möhrings waren Frühaufs* (Fontane 1995a: 16), *Der Gauleiter und seine Frau waren umgekommen. Sie hatten die kleine Todeskapsel des Für-alle-Fälle geschluckt* (Koeppen 1975: 13), *Und die Straße führt nur ins Undsoweiter* (Noteboom 1991: 87), *Die Philosophen sind wirlose Iche* (Die Zeit 1987, IDS-Korpora), *Eindrücke wieder mal von Langzuvor und Fastnichtmehrwahr* (Rühmkorf 1995: 362), *lassen die Muskeln spielen, springen im Ring herum und demonstrieren Form und Stärke ihres Bizeps, Trizeps und sonstiger Zepse* (Markosjan-Kasper 2002: 219), *ein kleines, spitzes Gesicht, ein Nichts von Mund und ein Nochweniger an Nase* (Steinfest 2005: 125), *nun stelle ich fest, dass es manchmal gut ist, im holden Ungefähr zu bleiben* (Krüss 1960: 178), *das glitzernde Immerfort des Meeres* (Skármeta

2002: 49), *das Messen, Zählen und Zurückführen-Auf* (Oesterle 2004: 140).

_**Exkurs:** *Vergissmeinnicht* – **Zusammenrückung**)

Fleischer 1969 hat die Bildung von Substantiven wie *Vergissmeinnicht, Möchtegern, Dreikäsehoch, Tischleindeckdich, das Apfeltorten-backen-Wollen* zunächst als eigene Wortbildungsart verstanden und dafür den Terminus Zusammenrückung geprägt, der allgemein in die Wortbildungslehre eingegangen ist. Vgl. Meineke 1991: 67, Glück 2000: 812f, Lühr 1993: 152, Braun 1997: 59. Die komplexen Wörter werden dadurch erzeugt, dass die Einheiten einfach zusammengerückt werden: Wir tilgen die Spatien, die Blanks – und haben ein Wort.

Fleischer/Barz „verzichten" inzwischen (1995: 49) auf „den besonderen Status und Terminus der sogenannten Zusammenrückung". Sie verstehen solche Wörter nun als Konvertate aus Phrasen. Wörter wie *Vergissmeinnicht* erfüllen tatsächlich das wesentliche Kriterium der Konversion, nämlich dass ein Wechsel auf der Wortartebene stattfindet: Aus Phrasen werden Substantive. Dass nun keine eigene zusätzliche Wortbildungsart mehr angesetzt werden muss, entkompliziert die Analyse wesentlich, ohne der Exaktheit Schaden zuzufügen.

Selten, vielleicht einfach der begrenzten Auswahl wegen, kommen auch Konvertate aus bedeutungshaltigen Wortbildungsaffixen wie *-ismus* vor: *Sartre, Camus und die Ismen der Vierzigerjahre* (Meckel 1995: 81), *Ein Ismus ist immer eine Ideologie, das Gegenteil einer wissenschaftlichen Theorie* (Ditfurth 1993: 109). Wer möchte, kann nun darüber nachdenken, ob *Kapitalismus* ein Kompositum aus *Kapital* und *Ismus* ist. *substantivische Konvertate aus Affixen*

Adjektive entstehen nur selten durch Konversion. Relativ häufig sind konvertierte Adjektive aus Partizip-II-Formen, äußerst selten werden Substantive, mitunter werden Adverbien zu Adjektiven konvertiert. *adjektivische Konvertate*

Vor allem adjektivieren wir Partizipien aus transitiven Verben mit *werden*-Passiv und Akkusativobjekt (*die Frau wird irritiert*). Dabei wird das Akkusativobjekt durch das konvertierte Adjektiv attribuiert: *die irritierte Frau, eine geladene Pistole.* Auch die Partizipien intransitiver Verben mit *Sein*-Perfekt werden adjektiviert; diese Möglichkeit ist aber offenbar semantisch beschränkter. So können keine Partizipien aus intransitiven Verben mit durativer Semantik adjektiviert werden wie *der *geschlafene Fido, die *gelachte Marie*; adjektivierbar dagegen sind die Partizipien aus intransitiven Verben bzw. Präverbfügungen mit resultativer Semantik wie *der eingeschlafene Fido, die erblühte* *adjektivische Konvertate aus Partizip-II-Formen*

Rose. Mitunter werden Partizipien aus Intransitiva mit *Haben*-Perfekt (*er hat ausgeschlafen*) konvertiert: *der ausgeschlafene Fido.* Fraglich ist, auf welche Weise das Attribut in *eine irritierende Frau* gebildet wird.

_**Exkurs:** *irritierend* – **Verbform, Adjektivkonvertat, explizites Derivat)**

Der lateinischen Grammatik analog werden Partizip-I-Formen des Typs *irritierend* meist den Verbformen zugerechnet; sie finden sich aber in keinem deutschen Verbparadigma: *sie hat *irritierend.* Formen wie *irritierend* haben eher Adjektivcharakter: *die irritierende Frau.* Offenbar handelt es sich bei *irritierend* also nicht um eine Verbform, sondern um ein Adjektiv. Wird aus einem Verbstamm (*irritier-*) durch Anhängen eines Suffixes ein Adjektiv, ist dies per definitionem explizite Derivation; das wortartverändernde Suffix *-end* ist dann ein Wortbildungs-, kein Flexionsaffix.

Allerdings zeigt dieses Muster zur Bildung von Adjektiven einige Ungewöhnlichkeiten: Ungewöhnlich ist etwa, dass es absolut keine Restriktionen gibt; jeder Verbstamm und jede Präverbfügung kann mit *-end* abgeleitet werden: *aufbrausend, belagernd, einmischend, sich freuend, überschäumend, wandelnd, zagend, zahnend, zeternd.* Ähnlich unbeschränkt ist im Bereich der Wortbildung nur noch die Infinitivkonversion (*das Laufen*). Vor allem aber haben Formen wie *irritierend* höchst unadjektivische Eigenheiten: So sind viele nicht steigerbar: *die *lachendere Frau, die *lachendste Frau,* wenn auch *die irritierendere, die aufbrausendste, die überzeugendste Frau.* Auch sind sie in der Regel nicht mit *un-* negierbar, verhalten sich hierin also doch eher wie Verben: *eine *unlachende Frau,* wenn auch *die ungenügende, die unzureichende Frau.* Schließlich ist ungewöhnlich, dass verbtypische und adjektivuntypische Akkusativrektionen bestehen: *die Liebste anlachend, den gordischen Knoten zerhauend.* Adjektive regieren zwar mitunter den Genitiv (*der Liebsten sicher*) oder den Dativ (*der Liebsten treu*), aber normalerweise nicht den Akkusativ. Diese akkusativische Rektion erben die Formen aber offenbar unverändert von ihrer Verbbasis (*die Liebste anlachen*). Wir haben es hier also mit ungewöhnlichen Adjektiven zu tun; „möglicherweise müssen wir sie als defektive Adjektive ansehen" (Eisenberg 1998: 204).

adjektivische Konvertate aus Adverbien

Gelegentlich wird die Konversion von Adjektiven aus Adverbien genutzt, allerdings sind diese Konvertate auffällig, jedenfalls in der geschriebenen Standardsprache: *mit zuem Mund* (Kempowski 1997: 304), *eine Anwehung aus ganz weit weggen Jugendzeiten* (Rühmkorf 1995: 511), *in diesem Moment der beinahen Stille* (Taz 1996, IDS-Korpora).

adjektivische Konvertate aus Substantiven

Seltener finden sich etablierte Konvertate aus Substantiven wie *ernst* und *schmuck,* die typisch adjektivisch gebraucht werden: *eine ernste Angelegenheit, die ernst behandelt werden sollte; das Mädchen ist wirklich schmuck.* So auch okkasionell *Die Kaldaunen* [...] *hingen wie*

ekle bleiche Waben im langen Riemen an den Haken (Koeppen 1979: 63),
es war ein grimmer Winter (Rezzori 1996: 58), *so muss der Auftritt der
„Galerie Oz" nicht besonders knigge gewesen sein* (Taz 1997, IDS-Korpora). Andere allenthalben angeführte Konvertate aus Substantiven
(*angst, feind, freund, leid, pleite, schuld, not*) sind syntaktisch stark eingeschränkt: *ihm ist angst, sie ist schuld*, aber *eine *feinde Angelegenheit, ein
schuldes Mädchen. Insofern ist fraglich, ob solche Wörter überhaupt
als Adjektive angesehen werden sollen.

Bei adjektivischen Konvertaten liegt ausschließlich Transposition   semantische
vor, also eine Veränderung der grammatischen Funktion, nicht aber   Möglichkeiten
der kategoriellen Bedeutung: Die erblühte Rose ist erblüht, die irritierende Frau irritiert, ein schmuckes Mädchen ist ein Schmuck.

Verben werden häufig und hochkreativ durch Konversion gewon-   verbale
nen, und zwar besonders aus Substantiven, aber auch aus Adjek-   Konvertate
tiven, mitunter auch aus sonstigen Einheiten.

Verbkonvertate können aus fast allen Substantiven erzeugt wer-   verbale
den. Typische Verbkonvertate sind   Konvertate aus
    Substantiven

> *sich aalen*
> *büffeln*
> *dackeln*
> *gockeln*
> *reihern*
> *robben*
> *tigern*
> *unken*
> *wieseln*

Außer Tierbezeichnungen werden auch Personenbezeichnungen und   semantische
speziell Personeneigennamen zu Verben abgeleitet: *gärtnern, schrift-*   Möglichkeiten
stellern, schulmeistern; kneippen, mendeln, röntgen. Vgl. Wengeler 2000.
Ausgedrückt wird hier, dass ein Akteur sich genauso verhält wie der
vom Substantiv Bezeichnete: Wer über den Schulhof gockelt, tut es
wie ein Gockel; wer schulmeistert, tut das, was Schulmeister tun. Bei
den Konvertaten aus Eigennamen werden meist bestimmte Methoden versprachlicht: Wer kneippt, macht eine Kur nach den Regeln
Sebastian Kneipps. Aus Substantiven konvertiert werden außerdem
Ornativa wie *düngen, ehren, loben, ölen, pfeffern, polstern, salzen, zuckern,*
Privativa wie *häuten, köpfen, schälen, schuppen, zahnen* und Instrumen-
tiva wie *geigen, flöten, löffeln, meißeln, pinseln, scheren, sensen, sicheln,*
spachteln.

Okkasionalismen

Für die Vitalität dieses Musters sprechen zahlreiche Okkasionalismen wie *Und sieh dich vor, Rieckchen. Christel sagt mir eben, es glatteist*! (Fontane 1995b: 93), *dass sich Kühe in einem Stall von Format einer Theaterbühne wohl fühlen und so stramm milchen wie in einem hellwarmen Massivstall* (Strittmatter 1963, IDS-Korpora), *bei Hühnern und Entenvögeln, bei denen nur die Weibchen brutpflegen* (Lorenz 1998: 49), *Helga Storck harft* (Taz 1985, IDS-Korpora), *Elias steckte eine Kerze an, wachste sie fest* (ebd.: 68), *faustete sich durch die Menge* (ebd.: 73), *„Jetzt reicht's!" giraffte Regine Hildebrandt* (Taz 1996, IDS-Korpora), *Becky Sharp, das ist ein Superweib, die abenteuert durch die Gegend* (marie claire 10/1996: 74), *Le Grave fuhr in 20 Meter Abstand hinter ihm her und zügelte die beiden Pferde, die unruhig auf der Stelle traten und auf die Straße äpfelten* (Claudel 2004: 205), *Alles in allem waren diese Maulhelden ebenso besiegt wie ich! Die prahlhansten nur noch ein bisschen!* (Céline 2003: 152), *Platzeck bürgermeisterte vor sich hin* (Frankfurter Allgemeine Sonntagszeitung 23.6.2002: 2), *als es zu nachten begann* (Hürlimann 2001: 150), *Ein praller Mond pfaute vor samtorangem, mit eisblauen Wolkenpittoresken durchwirktem Horizont, dass es wehtat* (http://brocki.meinweblog.com, Dezember 2005).

verbale Konvertate aus Adjektiven

Aus Adjektiven konvertierte Verben sind etwa *bleichen, faulen, garen, grünen, heilen, nässen, säuern, süßen, trocknen, welken*; auch hier finden sich Okkasionalismen wie *Sitzen da und scherzen über die Langeweile hinweg. Eiteln über ihre wichtigen Aufträge* (Berg 1997: 98), *Vielleicht fremdeten wir voreinander, die Stark und ich* (Hürlimann 2001: 168). Umstritten ist, ob Konversion aus Adjektiven tatsächlich als vital gelten kann. Vgl. Olsen 1986, Eisenberg 1998: 285. Beschränken lassen sich Sprecherschreiber dabei offenbar durch die Komplexität des Adjektivs: Nicht konvertiert werden üblicherweise komplexere Adjektive (*sie *niedlicht ihre Schwester*), hier neigen wir eher zu Präfixverben wie *verniedlichen*. Bei der Konversion von Verben aus Substantiven gibt es solche Beschränkungen nicht (*brutpflegen, langfingern, rechtecken, schriftstellern*).

verbale Konvertate aus sonstigen Einheiten

Mitunter werden auch sonstige Einheiten, vor allem Phrasen verwendet: *ich werweißte noch, wußte nicht, ob ein oder aus* (Späth 1988: 112).

_Implizite Derivation)

> Bei der impliziten Derivation werden implizite Derivate durch interne Ablautung gebildet.

Die Zahl der impliziten Derivate ist gering; es sind im Wesentlichen

tränken
senken
setzen
legen

Die Verben basieren auf Verben; abgelautet wurden *trinken, sinken, sitzen, liegen*. Implizite Derivate sind Kausativa, das heißt, es wird ausgedrückt, dass jemand etwas bewirkt: Wenn die Mutter will, dass der kleine Nils im Bett liegt, dann legt sie ihn ins Bett. Wenn die Mutter will, dass der kleine Nils am Tisch sitzt, dann setzt sie ihn an den Tisch. Aber wenn die Mutter will, dass der kleine Nils schläft? Oder isst? Die Möglichkeiten der Bildung solcher Kausativa sind begrenzt; die implizite Derivation ist daher im Deutschen seit je ein Randphänomen. Vgl. Eschenlohr 1999.

Keine impliziten Derivate sind – wie oben ausgeführt – Substantive wie *Wurf*. Hier handelt es sich vielmehr um Konversionen aus Präteritumsstämmen.

4_3 Reduzierende Wortbildungsarten)

Außer den kombinierenden und den intern verändernden Wortbildungsarten nutzen deutsche Sprecherschreiber auch reduzierende Wortbildungsarten:

Rückbildung

▶ Rückbildung
▶ Kurzwortbildung

Die Kurzwortbildung ist ein hochvitales Verfahren, die Rückbildung hoch umstritten.

_Exkurs: *Sanftmut* – Rückbildung)

Unter Rückbildung, auch Pseudokomposition, Scheinkomposition oder retrograde Derivation genannt, wird eine Wortbildungsart verstanden, bei der Wörter aus expliziten Derivaten mittels Tilgung des Wortbildungsaffixes gebildet worden sein sollen: *Sanftmut* aus *sanftmütig.* Rückbildung ist dieser Hypothese nach die Zurücknahme einer expliziten Derivation. Als typische Rückbildungsprodukte gelten:

Sanftmut
Unnatur
Eigensinn
Mondsucht
mähdreschen
notlanden
bauchlanden

Okkasionalismen, die üblicherweise als Rückbildungsprodukte interpretiert werden, sind etwa *Nicht bei denen – bei uns haben sie hausdurchsucht* (Seghers 1995: 131), *eine Gesamtheit, die auf sehr komplizierte Art und Weise in sich selbst wechselwirkt* (Schnabel/Sentker 1997: 279).

Argumente   Rückbildungshypothetiker gehen davon aus, dass ein Wort wie *Sanftmut* kein regelgemäßes Kompositum sein kann, weil es ja *die Sanftmut* heißt, aber das frei vorkommende *Mut* ein Maskulinum ist, und weil es hier auch gar nicht um den Mut im Sinne von ‚Tapferkeit' geht. Daher erklären sich Rückbildungshypothetiker solche Wörter damit, dass sie sie von expliziten Derivaten herleiten: *Sanftmut* aus *sanftmütig, Unnatur* aus *unnatürlich, Eigensinn* aus *eigensinnig, Mondsucht* aus *mondsüchtig, mähdreschen* aus *Mähdrescher, notlanden* aus *Notlandung, bauchlanden* aus *Bauchlandung.*

Gegenargumente   Das würde aber erstens bedingen, dass zum Beispiel *Sanftmut* zeitlich nach *sanftmütig* aufgekommen sein müsste. Weil jedoch grundsätzlich niemand alle geschriebenen und gesprochenen deutschen Texte aller Zeiten auswerten kann, kann grundsätzlich niemand nachweisen, dass ein Wort zeitlich vor einem anderen gebildet worden ist.

Zweitens sind Aussagen über Genera keine guten Argumente. So finden sich sogar Wörterbuchbelege wie maskulines *dein sanftmuht* (Weckherlin 17.Jh., nach DWB XIV 1893, Sp. 1787). Das Nebeneinander von Genera ist nämlich ein verbreitetes Phänomen: So gibt es schon ahd. *das muot,* es gibt frnhd. *der* und *das taufe* neben *die taufe* und es gibt schwäbisch oder bayerisch *der Butter* neben standarddeutschem *die Butter.* Dass *Sanftmut* ein Femininum ist, schließt also nicht unbedingt einen Zusammenhang mit einem maskulinen *Mut* aus.

Drittens überzeugt auch die semantische Begründung nicht: Zwar ist *Sanftmut* tatsächlich nicht zu analysieren als Kompositum aus *sanft* und gegenwartssprachlichem *Mut* ‚Tapferkeit', aber durchaus als Kompositum aus *sanft* und historischem *Mut* ‚Gemütszustand, Befindlichkeit', wie heute noch in *guten Mutes sein* existiert. Das DWB XII (1885: Sp. 2782) schreibt: „mut [...] bezeichnet das innere eines menschen nach allen verschiedenen seiten hin". Insofern kann *Sanftmut* durchaus gelesen werden als ‚sanfter Mut'. Für die meisten Wörter, die als Rückbildungsprodukte erklärt werden sollen, gilt ohnehin, dass wir sie wie ganz normale Komposita oder explizite Derivate paraphrasieren können: So kann *mähdreschen* gelesen werden als kompositionales ,dreschen und dabei mähen', *notlanden* heißt ,landen in der Not', *bauchlanden* ,landen auf dem Bauch', *Unnatur* kann als explizites Derivat analysiert werden aus *Natur* und *un-* und meint einen Zustand, der das genaue Gegenteil von dem ist, was wir uns unter Natur vorstellen: *gehörte sie zu jenen Kindern des Establishments, die gegen die Unnatur von Krieg und Zerstörung ansangen* (Die Zeit 2002, IDS-Korpora), *Es gibt jedoch einen Grad der Offenherzigkeit, den man ohne Künstelei und Unnatur nicht überschreiten kann* (Thomas Mann 1929, IDS-Korpora).

Schließlich bleibt bei der Rückbildung ungeklärt, wie denn überhaupt die expliziten Derivate wie *sanftmütig* oder *eigensinnig* entstanden sein sollen: Kombinationen aus *Sanftmut* und *Eigensinn* mit *-ig* können sie ja der Rückbildungshypothese zufolge nicht sein, wenn *Sanftmut* und *Eigensinn* gerade umgekehrt aus *sanftmütig* und *eigensinnig* abgeleitet worden sein sollen. Was aber dann?

Mitunter wird die Rückbildung der Kurzwortbildung zugerechnet. Das widerspricht allerdings der üblichen Definition der Kurzwortbildung: Kurzwörter sind Dubletten ihrer Langformen, es findet kein Wortartwechsel statt und auch die Bedeutung bleibt weitgehend erhalten.

_Kurzwortbildung)

> *Nun, da sich der Vorhang der Nacht von der Bühne hebt,*
> *kann das Spiel beginnen, das uns vom Drama einer Kultur berichtet.*
> *ARD, ZDF, C&A*
> *BRD, DDR und USA*
> *BSE, HIV und DRK*
> *GbR, GmbH ihr könnt mich mal*
> *THX, VHS und FSK*
> *RAF, LSD und FKK*
> *DVU, AKW und KKK*
> *RHP, USW, LMAA*
> *PLZ, UPS und DPD*
> *BMX, BPM und XTC*
> *EMI, CBS und BMG*
> *ADAC, DLR ojemine*
> *EKZ, RTL und DFB*
> *ABS, TÜV und BMW*
> *KMH, ICE und Eschede*
> *PVC, FCKW is nich OK*
> *MfG, mit freundlichen Grüßen,*

die Welt liegt uns zu Füßen, denn wir stehen drauf.
Wir gehen drauf für ein Leben voller Schall und Rauch.
Bevor wir fallen, fall'n wir lieber auf.
(Die Fantastischen Vier)

Die Wortkürzung nennt von Polenz (nach Barz 2000: 306) „den ‚wirklich innovativen Teilbereich' der Wortbildung im 19. und 20. Jahrhundert. ‚Durch diese [...] systematische Innovation ist ein ganzes Teilsystem der deutschen Wortbildung entstanden'". Vgl. Kobler-Trill 1994, Kreidler 2000, Michel 2006b.

Typische Kurzwörter sind:

Azubi
Abi
Prof
Ober
IDS

Bei der Kurzwortbildung kürzen Sprecherschreiber Wörter zu im Wesentlichen gleichwertigen Varianten: *Auszubildender* zu *Azubi*. Weggekürzt werden typischerweise beliebige Laute bzw. Buchstaben (*Azubi*), außerdem Silben (*Abi*) und bedeutungstragende Einheiten (*Ober*). Die Langformen sind Substantive (*Auszubildender*) oder Phrasen (*Institut für Deutsche Sprache*). Es entstehen Substantive, sehr sehr selten auch Konfixe (*prol-*).

> Bei der Kurzwortbildung werden Wörter durch Kürzung gebildet.

Kurzwörter sind immer Varianten zu weiterhin existierenden Langformen. Das unterscheidet sie elementar von allen anderen Wortbildungsprodukten: Das Kurzwort und seine Langform existieren parallel im Wortschatz. „Das bedeutet auch, dass Kurzwörter nicht das Ergebnis von diachronen Lautwandlungen sind. Das aus (ahd.) *hegizussa* entstandene nhd. Wort *Hexe* ist kein Kurzwort, weil es keine synchrone Vollform neben sich hat" (Greule 1996: 195).

> Durch Kurzwortbildung entstehen Dubletten.

Üblicherweise behält das Kurzwort alle grammatischen Eigenschaften syntaktische
seiner Langform. Ausnahme ist das bei manchen Kurzworttypen rela- Eigenheiten
tiv regelmäßige Plural-*s*: *ABMs, Demos, Kats, Lkws, Profs*. Vgl. Eisenberg
2004: 164. Gelegentlich haben Kurzwörter auch ein eigenes, von der
Langform abweichendes Genus: *das Foto* neben *die Fotografie*.

Auch sind Kurzwörter im Wesentlichen bedeutungsidentisch mit semantische
ihren Langformen: Ein Azubi ist ein Auszubildender, das IDS ist das Möglichkeiten
Institut für Deutsche Sprache. Mitunter werden Kurzwörter aber
metonymisiert: *BMW* ist eine Kürzung von *Bayerische Motorenwerke*,
bezeichnet aber im Satz *Er hat seinen BMW gegen die Wand gebrettert*
ein Fahrzeug. Vgl. Schröder 2000. Im Sinne der Definition, nach der
Kurzwörter Dubletten sind, ist *der BMW* kein Kurzwort, es ist überhaupt kein wortgebildetes, sondern ein durch Bedeutungsveränderung entstandenes Wort.

Abzugrenzen ist das Kurzwort vor allem von der Abkürzung. Hier Kurzwörter versus
liegen Verwechslungen offenbar nahe. Abkürzungen sind rein gra- Abkürzungen
fische Varianten, sie werden ausschließlich als Langform ausgesprochen: *kg* (sprich: Kilogramm). So auch *usw.* oder Länderkürzel wie *D*
für *Deutschland*. Als reine Schreibgebräuche gehören Abkürzungen
nicht zur Wortbildung. Besonders in Abgrenzung zur Abkürzung
definiert Kobler-Trill 1994: 13f das Kurzwort als „nicht nur grafisch,
sondern auch phonetisch realisierbare, gekürzte Form". Von der Abkürzung unterscheidet sich das Kurzwort also dadurch, dass es eine
eigene Lautung hat: *Lkw* (sprich: elkawe). Gelegentlich existieren in
verschiedenen Verwendungskontexten parallel Kurzwort und Abkürzung: *Prof* (*als Prof war er sehr beliebt*) und *Prof.* (*Herrn Prof. Dr.
Albert Einstein*). Mitunter wird eine Abkürzung als Kurzwort realisiert
und sollte dann natürlich auch als Kurzwort angesehen werden. So
wird „die Abkürzung *km/h* [...] seit einiger Zeit auch als Initialwort
gesprochen" (Naumann 2000: 26): *Der Rabe saß auf einem Stein und rief
Ka-em-zwei-ein, Ka-em-zwei-ein* (Morgenstern 1981: 90), *dass jemand
vier Minuten lang bei drei Ka-em-ha laufen soll* (Vittachi 2003: 71).

Abzugrenzen sind Kurzwörter außerdem von Kunstwörtern wie Kurzwörter versus
Onko aus *ohne Koffein*. Gemeinsam haben beide zwar die Kürzung, Kunstwörter
aber während Kurzwörter auch semantisch Varianten ihrer Langformen sind, also im Wesentlichen das bezeichnen, was ihre Langformen bezeichnen, bezeichnen Kunstwörter immer etwas Anderes:
So ist *Onko* ein Markenname für einen Kaffee und kann nicht für
‚ohne Koffein' stehen; *Adidas* ist ein Sportbekleidungsmarkenname
und keine Bezeichnungsvariante für die namengebende Person *Adi
Dassler*; *Haribo* ist ein Süßwarenmarkenname und keine Bezeich-

nungsvariante für die namengebende Person *Hans Riegel, Bonn.* Vgl. Elsen 2005b.

Schließlich sind Kurzwörter von den Konfixen abzugrenzen. Konfixe sind gebundene Einheiten, die nur in Wortbildungsprodukten vorkommen: *bio-* (von griech. *bios* ‚Leben') in *Biotop, Biotonne, biotisch.* Kurzwörter dagegen sind Wörter, also frei vorkommende Einheiten: *Bio* aus *Biologieunterricht* in *Weil unser Lehrer krank ist, fallen Bio und Mathe heute aus.* Während das Konfix *bio-* keine Variante zu irgendetwas ist, ist *Bio* eine Variante der Langform *Biologie.* Langform und Kurzwort existieren nebeneinander.

Drei Typen von Kurzwörtern sind zu unterscheiden: Das unisegmental gekürzte, das partiell gekürzte und das multisegmental gekürzte Kurzwort:

Bei unisegmental, das heißt, nur in einem Segment gekürzten Kurzwörtern gibt es drei Möglichkeiten:

▶ Das Kurzwort besteht aus dem Anfang der Langform: *Abi*
▶ Das Kurzwort besteht aus dem Ende der Langform: *Cello*
▶ Das Kurzwort besteht aus der Mitte der Langform: *Lisa*

Nur die erste Kürzungsart ist wirklich vital. Dagegen beschränken sich Kurzwörter, die aus der Mitte der Langform bestehen, auf Eigennamen (*Lisa, Resi*); Kurzwörter, die aus dem Ende der Langform bestehen, sind ebenfalls Randphänome: Nach Kobler-Trill 1994: 66 sind im Deutschen die einzigen Beispiele für solche Kurzwörter *Cello* aus *Violoncello* und *Bus* aus *Omnibus,* wobei für *Bus* nicht mal geklärt ist, ob es sich überhaupt um ein im Deutschen gebildetes Wort handelt. Vermutlich ist es nämlich aus dem Englischen entlehnt; dort ist *bus* bereits seit den Zwanzigerjahren des zwanzigsten Jahrhunderts kodifiziert.

Bei den vitalen Kurzwörtern, die aus dem Anfang der Langform bestehen, sind die gekürzten Segmente einzelne Laute bzw. Buchstaben: *Prof* aus *Professor,* mitunter aber auch bedeutungstragende Einheiten: *Ober* aus *Oberkellner.* Kurzwörter dieses Typs werden mitunter Kopfwörter genannt, wohl assoziativ zu der Vorstellung, Köpfe seien das, was vorne ist. Weil jedoch der Terminus Kopf in der Grammatikologie in ganz anderem Sinne terminologisiert ist, ist die Benennung irritierend: So ist *Zoo* natürlich nicht im grammatischen Sinne der Kopf der Substantivphrase *Zoologischer Garten*; der Kopf einer Substantivphrase ist vielmehr grundsätzlich ein Substantiv, bei *Zoologischer Garten* also *Garten*.

Ein partiell gekürztes Kurzwort entsteht meist aus etablierten De- partiell gekürzte
terminativkomposita wie *Orangensaft*. Deren linke Einheit, das Deter- Kurzwörter
minans, wird auf den Anfangsbuchstaben gekürzt, die rechte Einheit,
das Determinatum, bleibt erhalten: *O-Saft*. Bei komplexen Einheiten
wird auf die Anfangsbuchstaben der Untereinheiten gekürzt: *SB-Laden* aus *Selbstbedienungsladen*. So auch *UV-Strahlen* aus *Ultraviolettstrah-
len*. Gelegentlich wird auch die linke Einheit auf Silben verkürzt:
Schutzkontaktstecker zu *Schukostecker*. Die Silben werden nach Aussprechbarkeit gebildet; mit den Silbengrenzen der Langform müssen
sie nichts zu tun haben, so bei *Schu-ko-* versus *Schutz-kon-takt*.
Typische partiell gekürzte Kurzwörter sind

K-Frage
O-Ton
U-Bahn
U-Boot
U-Haft
Ü-Wagen

Kurzwörter, die durch partielle Kürzung entstehen, beanspruchen den
Hörerleser mehr als andere Wörter. Man muss einfach wissen, dass hier
die Kanzler-Frage gemeint ist, der Originalton, die Untergrundbahn,
das Unterseeboot, die Untersuchungshaft und der Übertragungswa-
gen. Dieser spezielle Typ der Kurzwortbildung bietet sich wohl besonders da an, wo stark etablierte Komposita gekürzt werden und der
Kontext das Verstehen stützt: So wird eine gutwillige Kellnerin wohl
ohne Störrischkeiten eine Bestellung wie *einen T-Saft mit Pfeffer, bitte!*
annehmen.

Nicht zu den partiell gekürzten Kurzwörtern gehören Wortbil- Kurzwörter versus
dungsprodukte wie *Rehaklinik, Rehamaßnahme*, auch nicht als Son- Komposita mit
derfall, denn *Rehaklinik* ist eindeutig ein Kompositum mit dem Kurz- Kurzwörtern und
wort *Reha* aus *Rehabilitation*: *Da muss ich in die Reha* (Berliner Zeitung mit Buchstaben
1998, IDS-Korpora), *Die Reha war sehr effektiv* (Mannheimer Morgen
1999, IDS-Komposita). Komposita mit Kurzwörtern wie *Reha-Klinik,
VW-Arbeiterin* bestehen aus Wörtern (*Arbeiterin* und *VW, Klinik* und
Reha). Partiell gekürzte Kurzwörter wie *SB-Laden* dagegen werden
aus etablierten Komposita gekürzt, hier aus dem Kompositum *Selbstbedienungsladen*. Der gekürzte Teil (*SB-*) kommt anders als *VW* nicht
frei vor, ist also kein Wort. Ebenfalls nicht verwechselt werden sollten
partiell gekürzte Kurzwörter wie *SB-Laden* mit Komposita, deren linke
Einheit ein Buchstabe ist: *S-Kurve* ‚Kurve, die wie ein S aussieht'.

multisegmental
gekürzte
Kurzwörter Ein multisegmental gekürztes Kurzwort entsteht dadurch, dass seine Langform an mehreren ihrer Segmente diskontinuierlich gekürzt wird. So können wir zum Beispiel die linke und die rechte Einheit eines Kompositums auf einen oder mehrere Anfangslaute bzw. Anfangsbuchstaben kürzen: *Lkw* aus *Lastkraftwagen*, *Kita* aus *Kindertagesstätte*. Auch Phrasen werden so gekürzt: *IDS* aus *Institut für Deutsche Sprache*. Vielfach gibt es Mischformen wie *Bafög* aus *Bundesausbildungsförderungsgesetz*, *Btx* aus *Bildschirmtext* oder *Gema* aus *Gesellschaft für musikalische Aufführungs- und Vervielfältigungsrechte*, *Tbc* aus *Tuberculose*, *DAX* aus *Deutscher Aktienindex* oder *ddp* aus *Deutscher Depeschendienst*.

Typische multisegmental gekürzte Kurzwörter sind Buchstaben- und Silbenwörter wie:

ABS

Schiri

Vokuhila

Buchstabenwörter Buchstabenwörter sind meist Initialwörter, auch Akronyme genannt (von griech. *akron* ‚Spitze'), das heißt Wörter, die auf die Initialen, die Anfangsbuchstaben ihrer Vollformen gekürzt worden sind. Einige Buchstabenwörter sind Mischformen (*Btx*). Buchstabenwörter mit drei Initialen sind am häufigsten: *ABM, ABS, AKW, AOK, APO, ARD, BfA, BMW, BND, BRD, Btx, CDU, DDR, DGB, dpa, FAZ, FDP, GAL, GAU, IBM, IDS, Lkw, MKS, NDR, NRW, ORB, PDS, RAF, SFB, SPD, SWR, Tbc, TÜV, Ufa, Ukw, VHS, ZDF.* Seltener sind Buchstabenwörter mit zwei Buchstaben: *AG, IM, Lk, OB, UB, TH, TU, VW, WG;* noch seltener sind Buchstabenwörter mit mehr als drei Buchstaben: *ADAC, CVJM, BASF, StGB.* Vgl. Schröder 2000: 98f. Buchstabenwörter werden gerne zur Entkomplizierung komplizierter Bezeichnungen für Organisationen, Institutionen, Gesetze gebildet. Bei den Buchstabenwörtern gibt es Aussprachebesonderheiten

_Exkurs: TÜV, ADAC – Aussprache von Buchstabenwörtern)

Aussprache-
besonderheiten In der Regel werden Kurzwörter wie alle anderen Substantive ausgesprochen. Auch die Betonungsverhältnisse entsprechen den üblichen Regeln: *Schúpo.* Bei den Buchstabenwörtern gibt es allerdings Ausspracheeigenheiten. So unterscheiden sich:

▶ Kurzwörter, die wie andere Wörter auch „mit dem Lautwert der einzelnen Buchstaben ausgesprochen werden" (Kobler-Trill 1994: 81): *GAL, RAF, TÜV.*

▶ Kurzwörter, bei denen „die einzelnen Buchstaben mit ihrem ‚alphabetischen Buchstabennamen' genannt werden" (ebd.): *AOK* (sprich: A-O-Ka), so auch *ADAC, ARD, Lkw, IDS, SED, SPD, TH, TU.* Hier zeigt sich eine Besonderheit der Kurzwortbildung.

Gelegentlich wird die gewünschte Aussprechweise grafisch markiert: Einige Buchstabenwörter werden geschrieben, wie sie gesprochen werden sollen: *Edeka*, eigentlich *EDK* aus *Einkaufsgenossenschaft deutscher Kolonialwarenhändler.*

Die Silben der Silbenwörter werden nach Aussprechbarkeit geformt; mit den Silbengrenzen der Langform müssen sie nichts zu tun haben: *Azubi* aus *Auszubildender.* Meist werden deutsche Idealsilben aus Konsonant und Vokal gebildet. Besonders in legeren Sprachstilen werden gerne Silbenwörter gebildet: So war in den Achtzigern des letzten Jahrhunderts die Vokuhila verspottet, eine Herrenfrisur, die vorne kurz geschnitten und hinten lang belassen war. *Eine Art Vokuhila deluxe ist der Vokuhila-Oliba (für Oberlippenbart), an den sich nur hartgesottene Fußballer wie z.B. Rudi Völler heranwagen* (www.munin. bui.haw-hamburg.de/80er/Vokuhila.xml).

Silbenwörter

In neuerer Zeit sind Buchstaben- und Silbenwörter beliebt, die Homonyme zu etablierten Wörtern bilden: *JULI* aus *Junge Liberale, MAUSI* aus *Marderultraschallsicherung, OBST* aus *Osnabrücker Beiträge zur Sprachtheorie.* Auch Pendants zu Eigennamen kommen vor: *ANNA* aus *Akademikernachwuchsneuordnungsabgabe, SUSI* aus *Selbstorganisierte Unabhängige Siedlungsinitiative, Ver.di* aus *Vereinigte Dienstleistungsgewerkschaft, ZEUS* aus *Zentralblatt für Erziehungswissenschaft und Schule.* Bezeichnungen für Institutionen, Firmen, Organisationen, Parteien, Publikationsmedien, Projekte werden mitunter sogar eigens nach ihrer Kürzbarkeit auf solche homonymen Pendants hin kreiert. Dabei geht es meist um positive Assoziationen zum Homonym, um Auffälligkeit und Eingängigkeit des Kurzwortes; semantisch haben die Kurzwörter in der Regel nichts mit ihren Homonymen zu tun.

Multisegmental gekürzte Wörter sind im Vergleich zu anderen Kurzwörtern wie *Demo* und *U-Bahn* höchst hörerleserunfreundlich. Besonders an diesen multisegmental gekürzten Kurzworttyp haben Fleischer/Barz 1995: 221 wohl gedacht, als sie die „gestörte Erschließbarkeit" von Kurzwörtern kritisierten. Undurchsichtige Wortbildungsprodukte sind „von Seiten des Sprachbenutzers unerwünscht – die vielen unwilligen Anfragen beweisen es" (ebd.). Dem Interesse an Verständlichkeit steht hier das Interesse an sprachökonomischer Kürze entgegen. Besonders bei Phrasenbasen leuchtet die Nützlich-

Kürze versus Verständlichkeit

keit der Kürzung sofort ein: *Aktiengesellschaft für Anilinfabrikation* zu *Agfa, Grammatisches Informationssystem* zu *Grammis*. Die Kurzwörter sind besser zu handhaben, sie können zusammengesetzt und deriviert werden: *agfa-freundliche Beschlüsse, wir Grammisler*. Zudem wird der Interessenkonflikt Verständlichkeit versus Kürze dadurch gemildert, dass multisegmental gekürzte Kurzwörter meist etabliert sind; insbesondere Bezeichnungen für Organisationen, Institutionen, Gesetze werden ohnehin nicht okkasionell gebildet: Nicht zufällig sind Buchstabenwörter häufig Fachwörter wie *StGB* für *Strafgesetzbuch*. Vgl. Steinhauer 2000. Multisegmental gekürzte Kurzwörter müssen also einfach gelernt werden wie alle anderen arbiträren, das heißt nicht aus sich selbst heraus erklärbaren Wörter wie *Tisch* und *Stuhl* auch.

4_4   Assoziative Wortbildungsarten)

Schließlich gibt es noch zwei Wortbildungsarten, die rein assoziativ und dabei irgendwie vage funktionieren:

▶ Neumotivierung
▶ Wortspiel

_Neumotivierung)

Die Neumotivierung wird in der Forschungsliteratur häufig pauschal der Wortbildung zugerechnet, ist aber meist Bedeutungsveränderung. Neumotivierung knüpft an die Ausdrucksseite eines Wortes an und schreibt eine andere Bedeutung, einen anderen Gebrauchskontext zu: *die Feld-Herren aus der Saatgut-Branche* (Geo 5/2000: 104).

Remotivierung   Ebenfalls fälschlich der Wortbildung zugerechnet wird die eher seltene Remotivierung (lat. *re* ‚zurück‘). Dabei wird die Motivierung in einen ursprünglichen Zustand zurückgeführt: *Hóch-Zeit der bildenden Künste* zu heute etabliertem *Hochzeit* ‚Eheschließung‘.

Wortbildung dagegen liegt vor, wo Wörter auch in ihrer Ausdrucksseite verändert werden. Die Ausdrucksseite fließt dabei assoziativ in eine motivierende Eindeutschung ein: *Hängematte* aus haiitianisch *hamaca* ‚Schlafnetz‘ oder *Vielfraß* aus norwegisch *fjeldfröss* ‚Bergkater‘. Fleischer/Barz 1995: 18 sprechen hier von „Eindeutungen".

Bei der wortbildenden Neumotivierung werden Wörter eingedeutet.

Solche Wortbildungsvorgänge werden auch Pseudomotivierung, Volksetymologie oder sekundäre Motivation genannt. Vgl. Olschansky 1996, Olschansky 2004. Bei der Pseudomotivierung werden nicht mehr durchsichtige Wortbildungsprodukte umgedeutet. So ist *Sintflut*, als *sin* ‚immer, überall' unverständlich wurde, eingedeutet zu *Sündflut* ‚Flut zur Vernichtung der menschlichen Sünden'. So auch *Maulwurf* aus ursprünglich mhd. *moltwerfe* ‚Erde Werfender', *Würgeengel* aus ursprünglich frühnhd. *wargengel* von *warg* ‚wildes, rohes Wesen', *anberaumen* aus ursprünglich mhd. *anberamen* von *ram* ‚Ziel', *Muskelkater* von ursprünglich *Muskelkatarrh*. Die Lachmöwe ist sogar doppelmotiviert, denn einerseits lebt sie bevorzugt an Wasserlachen, an flachen Seen (engl. *lake*), andererseits lacht sie wie die Lachtaube oder der australische Eisvogel namens lachender Hans. Der zoologische Name stärkt die zweite Lesart: *larus ridibundus* (von lat. *ridere* ‚lachen').

Pseudo-
motivierung

Wie der Terminus Pseudomotivierung verrät, gehen einige Linguisten davon aus, dass Sprecherschreiber aus Unwissen motivieren, dass Sprecherschreiber sich über die tatsächliche Etymologie der nicht mehr durchsichtigen Wörter täuschen. Allerdings sagen diese Linguisten nicht, wie sie feststellen, dass der pseudomotivierende Sprecherschreiber, der *Sündflut* geprägt hat, ein irrender Dilettant und kein kreativer Könner war. Und natürlich ächtet der tendenziöse Terminus Pseudomotivierung auch kreativ-naive Könner wie Kinder, die während ihrer Spracherwerbsphasen viele interessante Hypothesen über Wortbedeutungen aufstellen: Stern 1965: 419ff belegen von Fünfjährigen: *Makkahonig* für *Makkaroni*, *Sammelsiertrommel* für *Botanisiertrommel* und *Mannbrüllaffe* für *Mandrillaffe*. Vgl. August 1985, Symann 1995, Ehlich 1996, Keßler 1997, Meibauer 2001.

_Wortspiel)

Beim Wortspiel werden etablierte Wortbildungsprodukte spielerisch aufgegriffen und variiert: *Obertan* zu etabliertem *Untertan*, *Klebewesen* zu *Lebewesen*, *blitzdumm* zu *blitzgescheit*. Wortspiele dieser Art unterliegen keinen besonderen Wortbildungsregeln; sie funktionieren frei assoziativ. Ihr Witz kann sich natürlich nur entfalten, wenn dem Hörerleser das Ausgangsprodukt gegenwärtig ist. Vgl. Poethe 2000a.

Beim Wortspiel werden Wörter frei zu etablierten Wörtern assoziiert.

Wortspiele gelten im Deutschen als amüsant, aber unseriös; sie kommen daher in der Regel nur in bestimmten Textsorten vor: Während in amtlichen oder wissenschaftlichen Texten Wortspiele verpönt sind, fühlen sich Sprecherschreiber von Essays, journalistischen oder Werbetexten freier: *ein Beitrag zum Dummbau zu Babel und zum Untergang des Abendlandes* (Bonder 1995: 10), *Rainer Holbe hatte aber auch etwas Blitzdummes begangen* (Rowohlt 1993: 49), *Kein Pointen spuckender Witzbold, eher schon ein witziger Ernstbold* (Zeit-Literatur 4.10.2001: 26). Überwiegend wird offenbar mit Substantiven wortgespielt, gelegentlich aber auch mit Adjektiven: *Alles frischobello am S-Bahnhof Buckower Chaussee* (Taz 1990, IDS-Korpora). Besonders schön wortspielen Lewis Carrolls Schulstofftiere:

> *„Ich konnte es auch nicht lernen", sagte die Falsche Suppenschildkröte,*
> *„weil ich zu arm war. Ich hatte nur Pflichtfächer."*
> *„Und die waren?" fragte Alice.*
> *„Also, zunächst einmal das Große und das Kleine Nabelweh, natürlich",*
> *antwortete die Falsche Suppenschildkröte, „aber dann auch deutsch und*
> *alle Unterarten Schönschweifen, Rechtspeibung, Sprachelbeere und Haus-*
> *versatz."*
> *„Davon hab ich noch nie gehört", sagte Alice. „Was ist denn Hausversatz?"*
> *Der Greif erhob vor Erstaunen beide Vordertatzen. „Wie! Noch nie von*
> *Hausversatz gehört!" rief er aus. „Aber was versetzen ist, weißt du doch*
> *wohl?"*
> *„Ja", sagte Alice zögernd, „das ist wenn man für etwas Geld bekommt."*
> *„Na also", fuhr der Greif fort. „Und wenn du jetzt noch immer nicht weißt,*
> *was ein Hausversatz ist, bist du wirklich auf den Kopf gefallen."*
> *Alice verging der Mut noch weiterzufragen; sie wandte sich also wieder der*
> *Falschen Suppenschildkröte zu und fragte: „Was habt ihr denn sonst noch*
> *gelernt?"*
> *„Nun, da gab es noch die Erdbeerkunde", antwortete die Falsche Suppen-*
> *schildkröte und zählte dabei die einzelnen Fächer an ihren Flossen ab:*
> *„Erdbeerkunde mit und ohne Schlagrahm und Seeographie. Ja, und dann*
> *die Marterhatmich und dazu kam jede Woche ein alter Zitteraal, und mit*
> *dem lernten wir Zusammenquälen, Abmühen, Kahldehnen und Bruchlä-*
> *cheln."*

(Carroll 1989: 88)

5_ Nach welchen Mustern Wörter gebildet werden – Wortbildungsbedeutung)

> *Am Fuß von einem Aussichtsturm*
> *saß ganz erstarrt ein langer Wurm.*
> *Doch plötzlich kommt die Sonn' herfür*
> *erwärmt den Turm und auch das Tier.*
> *Da fängt der Wurm sich an zu regen*
> *und heißt jetzt Regenwurm deswegen.*
> (Heinz Ehrhardt)

Es ist ganz einfach. Durch Wortbildung entstandene Wörter wie *Dominostein*, *Schlosshund*, *Bilderbuch*, *Apfeltorte*, *Apfelgesicht*, *Fingerkraut*, *Federhut*, *Hirschkäfer*, *Rosenblatt* können wir zu Grundtypen sortieren. Etwa so:

▶ Der Dominostein gehört zum Dominospiel, der Schlosshund zum Schloss, das Rosenblatt zur Rose.

▶ Das Bilderbuch ist ein Buch mit Bildern, die Apfeltorte eine Torte mit Apfel, der Federhut ein Hut mit Federn.

▶ Das Apfelgesicht sieht aus wie ein Apfel, das Fingerkraut wie Finger, der Hirschkäfer wie ein Hirsch.

Natürlich merken wir bald, dass die Beziehung zwischen den Einheiten prinzipiell offen ist für weitere Lesarten: Das Fingerkraut kann auch ein Kraut sein, das Fingerkrankheiten heilt, das Rosenblatt kann ein Zeichenblatt sein, auf das eine Rose gemalt ist. Manche Linguisten sprechen hier von sekundären Bedeutungen und verstehen darunter wohl solche, die den meisten Hörerlesern nicht spontan einfallen, wenn sie isoliert Wörter wie *Fingerkraut* oder *Rosenblatt* vorgesetzt bekommen. Es ist ganz einfach und insofern verständlich, dass man „immer wieder versucht hat, das allgemeine Determinationsverhältnis auf eine größere oder kleinere Zahl von Grundtypen zu reduzieren. Auch wo die Offenheit der Beziehung prinzipiell anerkannt wird, finden sich Listen von Typen, die besonders produktiv sind. So musste regelrecht neu bewiesen werden, dass sich die Bedeutung eines Kompositums" nicht „auf wenige Typen beschränken lässt" (Eisenberg 2004: 229). Bewiesen hat das Heringer 1984 mit seinem legendären Beispiel *Fischfrau*. *Fischfrau* kann unter anderem meinen:

> ‚Frau, die Fisch verkauft'
> ‚Frau eines Fisches'
> ‚Frau, die Fisch isst'
> ‚Frau, die Fisch produziert'
> ‚Frau, die kühl wie ein Fisch ist'
> ‚Frau, die den Fisch gebracht hat'
> ‚Frau, die bei dem Fisch steht'

individueller
Gebrauch

Manchmal kann Fischfrau auch meinen: ‚Frau, die gestern da war und gesagt hat, dass sie Fisch auf den Tod nicht ausstehen kann'. „Wortbildungen haben nämlich ihren individuellen Gebrauch" (Heringer 1999: 184). Der individuelle Gebrauch kann mitunter sehr speziell sein: *Olga nannte ihn den „Unter-uns-Doktor" in Erinnerung an ihr erstes Zusammentreffen. Er hatte einmal ihren Sohn behandelt und beim Weggehen leise gebrummelt: „Sorgen Sie dafür, dass es unter uns bleibt. Sie wissen ja, wenn man in diesem Land keine Zulassung besitzt...."* (Makine 2000: 75). Schon deshalb sind „die großen semantischen Regularitäten der Wortbildungslehre nicht nur einengend und grob zugleich, sie dienen auch nicht dem Zweck, die Bedeutungen genauer zu charakterisieren" (Heringer 1999: 184).

Problematik der
Paraphrasen

Fraglich wird eine Ordnung nach Grundtypen auch durch die Paraphrasen, die die Beziehungen zwischen den Einheiten festschreiben sollen. Sie enthalten häufig sogenannte Proverben (*Rosenblatt* ‚Blatt, das zu einer Rose gehört') und diese Proverben sind naturgemäß künstlich. Es obliegt ja dem Geschmack, der Phantasie und der Sprachkompetenz der Paraphrasierenden, welche Proverben eingesetzt werden. Verbindliche Kriterien dafür lassen sich nicht aufstellen. Besteht zwischen Rose und Blatt wirklich ein Besitzverhältnis? Auch bleibt, wie Heringer 1984: 3 kritisiert, die „Zusammenfassung der idiosynkratischen Paraphrasen zu Gruppen willkürlich", so bei Ortner et al. 1991: 130f, die *Kinderhand* in eine Gruppe „Ganzes – Teil" ordnen und *Kalbsfilet* in eine Gruppe „Herkunftsgröße – (ab)gesonderter Teil", obwohl doch auch ein nicht abgesondertes Kalbsfilet ein Kalbsfilet ist und eine Kinderhand selbst dann eine Kinderhand bleibt, wenn sie abgesondert wird.

Ortner et al.s Zuordnung zeigt auch noch ein weiteres Problem, nämlich dass Bedeutungen unter- oder überbestimmt werden (Heringer 1984: 4). Elsen 2003: 92 veranschaulicht, inwiefern Wörter ganz allgemein „auch für nicht-typische Vertreter gelten": *Kartoffel* bezeichnet auch dann eine Kartoffel, wenn sie gekocht und zerteilt auf unserem Teller liegt. Problematik der Feinstdifferenzierung

Am problematischsten aber „sind schließlich dogmatische Überzeugungen: Die Bedeutung ist etwas Festes, Angebbares. Aber wäre dann der Wandel nicht unmöglich? Die Bedeutung ist einfach und klar geschnitten. Aber wie sollte das sein? Doch wohl nur, wenn man den Gebrauch sehr weit einkocht. Einkochen aber bedeutet Vitamin- und Aromaverlust, es erzeugt etwas Anderes. Marmelade ist kein Obstsalat" (Heringer 1999: 232). Was aber ist Bedeutung dann? Problematik des Bedeutungbegriffs

Schumacher 1997: 100 betont, dass ein Wort „nicht einfach eine Bedeutung ‚hat', es ‚hat' auch nicht mehrere Bedeutungen, ein Wort bedeutet. [...] Wenn ein Wort bedeutet, dann bedeutet es Inhalten, sich im Aussagezusammenhang einzustellen. Bedeuten ist die Funktion der Wortkörper, Inhalte herbeizurufen; bedeuten ist eine Winkfunktion, ein Appell". Das heißt, „dass ‚es' Wörter nicht einfach ‚gibt', sondern dass sie verwendet werden" (ebd.). Bedeutungen ergeben sich also aus der Verwendung, aus dem Gebrauch. Sie sind „lange Geschichten. Denn der Gebrauch eines Wortes in der Sprache ist eine sehr lange Geschichte" (Heringer 2004: 36). Was Bedeutung ist

> Bedeutung ergibt sich aus dem Gebrauch.

„Natürlich weisen Wörter bezüglich ihrer Inhalte ‚a certain kind of stability' auf – das heißt aber (auch nur), dass sie häufig in Äußerungen Verwendung finden, die Ähnliches aussagen" (Schumacher 1997: 100). Ein Wort kann also Verschiedenes bedeuten, je nach Gebrauch; manche Bedeutungen kommen häufiger vor, je nach Gebrauch. Das hat natürlich Konsequenzen für die Bedeutungsbestimmung zum Beispiel von Komposita.

Bewiesen werden musste nämlich auch, „dass die Bedeutung eines Kompositums sich rein sprachlich nicht ermitteln lässt" (Eisenberg 2004: 229). „Die gängige Behandlung geht davon aus, in einem Kompositum AB bestehe zwischen A und B eine syntagmatische Relation [...], Bedeutungsanalyse der Komposita bestehe in der Ermittlung der Relation. Da ist aber nichts, kein Zeichen für diese Relation. [...] Bedeutungsbestimmung

Und war es nicht ein gutes altes strukturalistisches Prinzip: Wo kein Ausdruck, auch keine Bedeutung?" (Heringer 1984: 3). Bei Komposita kann zwar die Reihenfolge der Einheiten Aufschluss geben, „entweder A vor B oder B vor A", aber: „Das ist alles." (ebd.). Verlässlich ist diese Reihenfolge auch nur bei Determinativkomposita, denn bei expliziten Derivaten steht das Determinatum, das näher Bestimmte ja mal in der linken Einheit (*Kindchen*), mal in der rechten (*Sensibelchen*). Bei einteiligen Wortbildungsprodukten (*Treff*) ist nicht mal eine Reihenfolge auswertbar.

Wortbildungsprodukte lassen sich also nicht so einfach aus sich selbst heraus bedeutungsbestimmen. Über ein Kompositum wie *Apfeltorte* kann zunächst nur gesagt werden, dass das, was die eine Einheit bezeichnet, irgendetwas mit dem zu tun hat, was die andere Einheit bezeichnet: Eine Apfeltorte ist eine Torte, die irgendetwas mit Äpfeln zu tun hat. Was genau, ist vom Ausdruck her vage.

Vagheit der Bedeutung „Die Vagheit der Bedeutung wird oft kritisch als Unzulänglichkeit der Sprache gebrandmarkt. Aber die Vagheit ist eine der Stärken unserer Sprache: Vagheit ist eine notwendige Konsequenz der Bedeutungsgenese. Vagheit ist Grundlage für die flexible Zuschreibung von Sinn. Vagheit ist die Basis dafür, dass Neues gesagt werden kann. Vagheit ist Voraussetzung für die Adaptation und den Wandel der Sprache" (Heringer 2004: 43). Aber wie können wir dann herauslesen, was zum Beispiel mit Apfeltorte versprachlicht wird? Welche Kriterien stehen uns zur Verfügung?

Wissen aus dem verbalen Kontext Wörter werden uns ja generell nie isoliert zugeworfen. „Ein wirklich einzelnes Wort, ‚a completely isolated word' – ein solches Wort wäre nicht Element eines Sprachsystems" (Schumacher 1997: 100). Wörter stehen zum Beispiel in Textzusammenhängen, die uns eine Lesart nahe legen: *braune schnallenbesetzte Pantoffeln* [...] *kam es mir vor, als würden ihre Füße in Brotlaiben stecken* [...] *stand mit ihren Brotpantoffeln in der Tür* (Hürlimann 2001: 180ff), *wo die Tanzfläche war und wo allerhand Leute zu langsamer, etwas angestaubter Rockmusik hin und her pendelten* [...] *Es sah ein bisschen aus wie unter Wasser* [...] *und Frank hatte das Gefühl, dass es bald Ärger geben würde, sofern die Unterwassertänzer und Räucherstäbchenanzünder, die hier verkehrten, dachte er, überhaupt so etwas wie Ärger machen können* (Regener 2004: 240).

situationelles und episodisches Wissen Außerdem stehen Wörter in Lebenskontexten. Wir können Schlüsse ziehen aus dem, was ein Gespräch umgibt, aus dem, was wir gerade miteinander erleben, aus der aktuellen Situation; und wir können Schlüsse aus früheren Episoden ziehen. So sieht die Mutter gleich, was das Kind mit *Lichterde* meint: den von der Sonne beleuchteten Fußboden (Stern 1965: 394). Und ein Kompositum wie *Bauernschnecke* (Stern 1965: 397) ist verständlich aus dem gemeinsamen Wissen des sprechenden Kindes und der hörenden Mutter über eine Episode vom Vortag, in der das Kind beim Spielen mit Bauernjungen eine Schnecke entdeckt hatte.

Schließlich können wir die Bedeutung eines Wortes aus unseren Kenntnissen über die Welt ermitteln. Wir wissen zum Beispiel, dass in Russland Leute für Brot anstehen müssen und können deshalb vermuten, was gemeint ist: *Man hatte mir zu verstehen gegeben, dass Russland nur aus Brotschlangen, Engpässen, leeren Regalen und Lebensmitteln, die in Bahndepots verrotten, bestehe* (Bourdain 2004: 119).

generisches oder Weltwissen

So hilft unsere Kenntnis über kulturelle Gepflogenheiten zum Beispiel Komposita wie *Apfeltorte* versus *Herrentorte*, *Kirschkuchen* versus *Hundekuchen* oder *Kalbsschnitzel* versus *Jägerschnitzel* zu verstehen: Eine Apfeltorte ist eine Torte mit Äpfeln, ein Kirschkuchen ein Kuchen mit Kirschen, ein Kalbsschnitzel ein Schnitzel vom Kalb, dagegen ist es im europäischen Kulturraum unüblich, Torten aus Herren, Teile von Jägern und Kuchen mit Hunden drauf anzubieten. In anderen Kulturkreisen ist das offenbar mitunter anders:

Makabres

> *Als Mungo nachfragte, wofür die Affen dienten, grinste der Fährmann und stellte seine blitzenden Zahnreihen zur Schau. „Zum Backen", erklärte er. „Für Affenbrot"……*
>
> (Boyle 2001: 292)

6_ Zitierte Belegliteratur)

Die in den IDS-Korpora vorkommenden Belege sind großenteils unter www.ids-mannheim.de/cosmas2 nachrecherchierbar; auch noch genauere Literaturangaben finden sich dort. Die darüber hinaus ausgewerteten Zeitungen, Zeitschriften und Magazine sind im Literaturverzeichnis ebenfalls nicht aufgeführt; die Zitatangaben sind jeweils so gehalten, dass sich jeder Beleg leicht nachvollziehen lässt.

Aehnlich, Kathrin (1998): Wenn ich groß bin, flieg ich zu den Sternen. Köln.
Aiken, Joan (1995): Der Geist von Lamb House. Aus dem Englischen von Renate Orth-Guttmann. Zürich.

Baker, Nicholson (2005): Eine Schachtel Streichhölzer. Roman. Deutsch von Eike Schönfeld. Reinbek.
Barlach, Ernst (1988): Der gestohlene Mond. Reinbek (= Rowohlt Jahrhundert 33).
Barnes, Julian (2003): Darüber reden. Deutsch von Gertraude Krüger. Reinbek.
Barnes, Julian (2005): Tour de France. Essays. Aus dem Englischen von Gertraude Krüger. München.
Barth, John (2005): Die schwimmende Oper. Roman. Aus dem Amerikanischen von Matthias Müller. Berlin.
Becker, Jakob (2004): Briefe. Ausgewählt und herausgegeben von Christine Becker und Joanna Obruśnik. Frankfurt.
Berg, Sibylle (1997): Ein paar Leute suchen das Glück und lachen sich tot. Roman. Leipzig (= reclams-bibliothek 1577).
Bourdain, Anthony (2001): Geständnisse eines Küchenchefs – Was Sie über Restaurants nie wissen wollten. Aus dem Amerikanischen von Dinka Mrkowatschki. München.
Bourdain, Anthony (2004): Ein Küchenchef reist um die Welt – Auf der Jagd nach dem vollkommenen Genuss. Übersetzt von Dinka Mrkowatschki. München.
Bouvier, Nicolas (2002): Der Skorpionsfisch. Aus dem Französischen von Barbara Erni. Zürich.
Boyle, T.C. (2001): Wassermusik. Deutsch von Werner Richter. Reinbek.
Březan, Jurij (1999): Ohne Pass und Zoll – Aus meinem Schreiberleben. Köln.
Broch, Hermann (1974): Die Schuldlosen. Roman in elf Erzählungen. Frankfurt (= Kommentierte Werkausgabe 5).

Calvin, William H. (2000): Der Strom, der bergauf fließt – Eine Reise durch die Evolution. Aus dem Amerikanischen von Friedrich Giese. München.

Carroll, Lewis (1989): Alice im Wunderland. Übersetzung von Christian Enzensberger. Illustration von Anthony Browne. Oldenburg.

Céline, Louis-Ferdinand (2003): Reise ans Ende der Nacht. Aus dem Französischen von Hinrich Schmidt-Henkel. Reinbek.

Claudel, Philippe (2004): Die grauen Seelen. Roman. Aus dem Französischen von Christiane Seiler. Reinbek.

Dekkers, Midas (2004): Das Gnu und du – Tierische Geschichten. Aus dem Niederländischen von Ira Wilhelm. Mit Zeichnungen von Lucia Obi. München.

Demski, Eva (1999): Das Narrenhaus. Roman. München.

Ditfurth, Hoimar von (1993): Innenansichten eines Artgenossen – Meine Bilanz. München.

Fontane, Theodor (1995a): Mathilde Möhring. Berlin (= Berliner Frauenromane).

Fontane, Theodor (1995b): L'Adultera. Novelle. Berlin (= Berliner Frauenromane).

Frank, Leonhard (1999): Links, wo das Herz ist. Berlin.

Fuchs, Gerd (1995): Katharinas Nacht. Roman. München.

Gauß, Karl-Markus (2002): Die sterbenden Europäer. München.

Griesemer, John (2003): Rausch. Übersetzt von Ingo Herzke. Hamburg.

Guggenheim, Kurt (1980): Riedland. Roman. Frankfurt.

Haefs, Gisbert (1993): Matzbachs Nabel. Kriminalroman. München.

Hahnfeld, Ingrid (1996): Das tote Nest. Roman. Frankfurt (= Die Frau in der Gesellschaft 13033).

Hanuschek, Sven (1999): Keiner blickt dir hinter das Gesicht – Das Leben Erich Kästners. München.

Hildesheimer, Wolfgang (1986): Mitteilungen an Max über den Stand der Dinge und anderes. Frankfurt.

Holbein, Ulrich (1996): Sprachlupe. Frankfurt.

Hörmann, Hans (1978): Meinen und Verstehen. Grundzüge einer psychologischen Semantik. Frankfurt.

Hotakeinen, Kari (2004): Lieblingsszenen. Aus dem Finnischen von Stefan Moster. Frankfurt.

Hültner, Robert (1999): Die Godin. Roman. München.

Hürlimann, Thomas (2001): Fräulein Stark. Novelle. Zürich.

Illig, Heribert (2000): Das erfundene Mittelalter – Die größte Zeitfälschung der Geschichte. 4. Auflage. München.

Jones, Stan (2004): Schamanenpass. Aus dem Englischen von Peter Friedrich. Zürich.

Kästner, Erich (1997): Als ich ein kleiner Junge war. Hamburg.

Kempowski, Walter (1997): Herzlich Willkommen. Roman. München.

Kesten, Hermann (1948): Glückliche Menschen. Roman. Mit einem Vorwort von Erich Kästner. Kassel.

Kinder, Hermann (1997): Um Leben und Tod. Erzählung. Hamburg.

Koenen, Gerd (2003): Vesper, Ensslin, Baader. Urszenen des deutschen Terrorismus. Köln.

Koeppen, Wolfgang (1975): Der Tod in Rom. Roman. Frankfurt.

Koeppen, Wolfgang (1979): Reisen nach Frankreich. Frankfurt.

Krüss, James (1969): Mein Urgroßvater und ich. Hamburg.

Lander, Jeanette (1995): Überbleibsel – Eine kleine Erotik der Küche. Berlin.

Lenz, Siegfried (1995): Exerzierplatz. Roman. München.

Loest, Erich (1995): Nicolaikirche. Roman. Leipzig.

Lorenz, Konrad (1998): Das sogenannte Böse – Zur Naturgeschichte der Aggression. München.

Mahlsdorf, Charlotte von (1992): Ich bin meine eigene Frau – Ein Leben. Herausgegeben von Peter Süß. Mit einem Fotoessay von Burkhard Peter. München.

Makine, Andreï (2000): Das Verbrechen der Olga Arbelina. Roman. Aus dem Französischen von Holger Fock und Sabine Müller. München.

Marcuse, Ludwig (1964): Sigmund Freud – Sein Bild vom Menschen. Frankfurt.

Markosjan-Kasper, Gohar (2002): Penelope, die Listenreiche. Deutsch von Gabriele Leupold. Berlin.

Meckel, Christoph (1995): Suchbild. Über meinen Vater. Frankfurt.

Meissner, Rolf (2004): Geschichte der Erde – Von den Anfängen des Planeten bis zur Entstehung des Lebens. München (= Beck Wissen).

Moers, Walter (2002): Die 13½ Leben des Käpt'n Blaubär. Roman. München.

Morgenstern, Christian (1981): Alle Galgenlieder. Fotomechanischer Nachdruck der 1932 erschienenen Erstausgabe. Zürich.

Morgenstern, Christian (1990): Hundert Gedichte. Stuttgart.

Noteboom, Cees (1991): Das Paradies ist nebenan. Roman. Frankfurt.

Oesterle, Kurt (2004): Der Fernsehgast oder Wie ich lernte, die Welt zu sehen. Berlin.

Özdamar, Emine Sevgi (1994): Das Leben ist eine Karawanserei hat zwei Türen aus einer kam ich rein aus der anderen ging ich raus. Köln.

Parsons, Tony (2005): One for my Baby. Roman. Aus dem Englischen von Christiane Buchner und Carina von Enzenberg. München.

Petzoldt, Leander (1995): Kleines Lexikon der Dämonen und Elementargeister. 2., durchgesehene Auflage. München (= Beck'sche Reihe 427).

Picouly, Daniel (1996): Fängt ja gut an, das Leben. Roman. München.

Regener, Sven (2004): Neue Süd Vahr. Roman. Frankfurt.

Reichholf, Josef H. (1997): Das Rätsel der Menschwerdung – Die Entstehung des Menschen im Wechselspiel mit der Natur. München.

Rezzori, Gregor von (1990): Der Tod meines Bruders Abel. München.

Rezzori, Gregor von (1996): Greisengemurmel – Ein Rechenschaftsbericht. München.

Rezzori, Gregor von (1999): Mir auf der Spur. München.

Rezzori, Gregor von (2005): Ödipus siegt bei Stalingrad. Berlin.

Rühmkorf, Peter (1995): TABU I. Tagebücher 1989–1991. Reinbek.

Schenk, Herrad (1998): Das Haus, das Glück und der Tod. München.

Schnabel, Ulrich/Sentker, Andreas (1997): Wie kommt die Welt in den Kopf? Reise durch die Werkstätten der Bewußtseinsforscher. Mit Illustrationen von Regina Otteni. Reinbek (= rororo science).

Schneider, Robert (1994): Schlafes Bruder. Leipzig.

Seghers, Anna (1995): Der Kopflohn. Roman aus einem deutschen Dorf im Spätsommer 1932. Mit einem Nachwort von Sonja Hilzinger. Berlin.

Sepúlveda, Luis (2000): Der Alte, der Liebesromane las. Aus dem chilenischen Spanisch von Gabriela Hofmann-Ortega Lleras. München.

Sijie, Dai (2003): Balzac und die kleine chinesische Schneiderin. Roman. Aus dem Französischen von Gió Waeckerlin Induni. Zürich.

Skármeta, Antonio (2002): Die Hochzeit des Dichters. Roman. Aus dem chilenischen Spanisch von Willi Zurbrüggen. München.

Späth, Gerold (1988): Unschlecht. Roman. Frankfurt.

Steinfest, Heinrich (2003): Ein sturer Hund. Kriminalroman. München/Zürich.

Steinfest, Heinrich (2005): Nervöse Fische. Kriminalroman. München.

Strittmatter, Erwin (1992): Ole Bienkopp. Roman. Berlin.

Valentin, Karl (2006): Mein komisches Wörterbuch – Sprüche für alle Lebenslagen. München.

Vittachi, Nury (2003): Der Fengshui-Detektiv und der Computertiger. Aus dem Englischen von Ursula Ballin. Zürich.

Werner, Markus (2004): Am Hang. Roman. Frankfurt.

Woelk, Ulrich (1995): Rückspiel. Roman. Frankfurt.

Zafón, Carlos Ruiz (2003): Der Schatten des Windes. Übersetzt von Peter Schwaar. Frankfurt.

Zeh, Juli (2003): Adler und Engel. Frankfurt.

7_ Zitierte Forschungsliteratur)

Abramov, Boris (1992): Nochmals zur „reitenden Artilleriekaserne" – Ist semantisches Beziehen eines Attributs auf die desubstantivische Bestimmungskomponente des zusammengesetzten Substantivs akzeptabel? In: Grosse/Lerchner/Schröder (Hg.), 133–139.

Adamzik, Kirsten (2004): Sprache – Wege zum Verstehen. Zweite Auflage. Tübingen/Basel (= UTB 2172).

Ágel, Vilmos (1993): Gebt endlich die Grenze zwischen Wortbildung und Syntax frei! Aktiv und Passiv in der deutschen Nominalphrase. In: Deutsche Sprache 21, 128–142.

Aitchison, Jean (1997): Wörter im Kopf. Eine Einführung in das mentale Lexikon. Aus dem Englischen von Martina Wiese. Tübingen (= Konzepte der Sprach- und Literaturwissenschaft 56).

Altmann, Hans/Kemmerling, Silke (2000): Wortbildung fürs Examen – Studien und Arbeitsbuch. Wiesbaden (= Linguistik fürs Examen 2).

Androutsopoulos, Jannis K. (1998): Deutsche Jugendsprache – Untersuchungen zu ihren Strukturen und Funktionen. Frankfurt etc. (= Vario Lingua 6).

Augst, Gerhard (1985): Kinderwort. Der aktive Kinderwortschatz (kurz vor der Einschulung) nach Sachgebieten geordnet mit einem alphabetischen Register. Frankfurt etc. (= Theorie und Vermittlung der Sprache 1).

Augst, Gerhard (2001): Gefahr durch lange und kurze Wörter? Lang und Kurzwortgefahr? LKW-Gefahr? In: Stickel (Hg.), 210–238.

Baeskow, Heike (2002): Abgeleitete Personenbezeichnungen im Deutschen und Englischen: Kontrastive Wortbildungsanalysen im Rahmen des Minimalistischen Programms und unter Berücksichtigung sprachhistorischer Aspekte. Berlin/New York (= Studia linguistica germanica 62).

Banholzer, Iris (2005): -(i)tät: Vom lateinischen Suffix zum deutschen Fremdsuffix. Marburg.

Barz, Irmhild (1996): Komposition und Kollokation. In: Knobloch, Clemens/Schaeder, Burkhard (Hg.): Nomination – fachsprachlich und gemeinsprachlich. Wiesbaden, 127–146.

Barz, Irmhild (1998): Zur Lexikalisierungspotenz nominalisierter Infinitive. In: Barz/Öhlschläger, 57–68.

Barz, Irmhild (2000): Zum heutigen Erkenntnisinteresse germanistischer Wortbildungsforschung. Ein exemplarischer Bericht. In: Barz/Schröder/Fix (Hg.), 299–316.

Barz, Irmhild (2002): Wortartwechsel. In: Cruse/Hundsnurscher/Job/Lutzeier (Hg.), 657–662.

Barz, Irmhild (2005): Die Wortbildung. In: Duden – Die Grammatik. Unentbehrlich für richtiges Deutsch. 7., völlig neu bearbeitete und erweiterte Auflage. Herausgegeben von der Dudenredaktion. Mannheim (= Duden 4), 641–772.

Barz, Irmhild/Öhlschläger, Günther (Hg.) (1998): Zwischen Grammatik und Lexikon. Tübingen (= Linguistische Arbeiten 390).

Barz, Irmhild/Schröder, Marianne (Hg.) (1997): Nominationsforschung im Deutschen. Festschrift für Wolfgang Fleischer zum 75. Geburtstag. Frankfurt etc.

Barz, Irmhild/Schröder, Marianne/Fix, Ulla (Hg.) (2000): Praxis und Integrationsfelder der Wortbildungsforschung. Heidelberg.

Bauer, Laurie (2001): Compounding. In: Haspelmath/König/Oesterreicher/Raible (Hg.), 695–707.

Baumgart, Manuela (1992): Die Sprache der Werbung. Eine linguistische Analyse aktueller Werbeslogans. Heidelberg.

Bergmann, Rolf (1980): Verregnete Feriengefahr und Deutsche Sprachwissenschaft. Zum Verhältnis von Substantivkompositum und Adjektivattribut. In: Sprachwissenschaft 5, 234–265.

Bittner, Dagmar (2004): Zur Historie der nominalen -er-Bildungen. Ist die Suffixidentität sprachwandlerischer Zufall? In: Linguistik online 19, o.S.

Booij, Geert/Lehmann, Christian/Mugdan, Joachim in collaboration with Wolfgang Kesselheim and Stavros Skopeteas (Hg.) (2000): Morphologie/Morphology. Ein internationales Handbuch zur Flexion und Wortbildung/An international Handbook on Inflection and Word-Formation. 1. Halbband/Volume I. Berlin/New York.

Braun, Peter (1997): Personenbezeichnungen. Der Mensch in der deutschen Sprache. Tübingen (= RGL 189).

Braun, Peter/Nieuweboer, Rogie (2001): Personenbezeichnungen. Ein deutsch-niederländischer Vergleich. In: Muttersprache 111, 163–174.

Brdar, Mario/Brdar Szabó, Rita (1991): Überlegungen zur Asymmetrie in der Produktivität von zwei Ableitungstypen: Nomina agentis und Nomina patientis. In: Zeitschrift für Phonetik, Sprachwiss. und Kommunikationsforschung 44, 351–356.

Breindl, Eva/Thurmair, Maria (1992): Der Fürstbischof im Hosenrock. Eine Studie zu den nominalen Kopulativkomposita des Deutschen. In: Deutsche Sprache 20, 32–61.

Bresson, Daniel/Kubczak, Jaqueline (Hg.) (1998): Abstrakte Nomina – Vorarbeiten zu ihrer Erfassung in einem zweisprachigen syntagmatischen Wörterbuch. Tübingen (= Studien zur deutschen Sprache 10).

Burkhardt, Armin (1999): Gut erhaltene Knochenfunde von Urmenschen. Zu einigen typischen Attributfehlern in der deutschen Gegenwartssprache. In: Sprachreport 15/2, 2–10.

Bzdęga, Andrzej Z. (1999): Zusammenrückung, -setzung, -bildung. In: Kątny, Andrzej/Schatte, Christoph (Hg.): Das Deutsche von innen und von außen. Ulrich Engel zum 70. Geburtstag. Poznań (= Universitet Im. Adama Mickiewicza w Poznaniu, Seria filologia germ. 44), 9–23.

Cannon, Garland (2000): Blending. In: Booij/Lehmann/Mugdan (Hg.), 952–956.

Clahsen, Harald/Marcus, Gary/Bartke, Susanne/Wiese, Richard (1995): Compounding and Inflection in German Child Language. In: Yearbook of morphology 5, 115–142.

Coulmas, Florian (1988): Wörter, Komposita und anaphorische Inseln. In: Folia Linguistica 22, 315–336.

Cruse, D. Alan/Hundsnurscher, Franz/Job, Michael/Lutzeier, Peter Rolf (Hg.) (2002): Lexikologie/Lexicology. Ein internationales Handbuch zur Natur und Struktur von Wörtern und Wortschätzen/An international handbook on the nature and structure of words and vocabularies. Berlin/New York (= Handbücher zur Sprach- und Kommunikationswissenschaft/Handbooks of Linguistics and Communication Science 21.1).

Doleschal, Ursula (1992): Movierung im Deutschen. Eine Darstellung der Bildung und Verwendung weiblicher Personenbezeichnungen. Unterschleißheim/München.

Doleschal Ursula (2002): Das generische Maskulinum im Deutschen. Ein historischer Spaziergang durch die deutsche Grammatikschreibung von der Renaissance bis zur Postmoderne. In: Linguistik online 11, 39–70.

Donalies, Elke (1996): *Da keuchgrinste sie süßsäuerlich*. Über kopulative Verb- und Adjektivkomposita. In: ZGL 24, 273–286.

Donalies, Elke (1999): Präfixverben, Halbpräfixverben, Partikelverben, Konstitutionsverben oder verbale Gefüge? Ein Analyseproblem der deutschen Wortbildung. In: Studia Germanica Universitatis Vesprimiensis 3, 127–143.

Donalies, Elke (2000): Das Konfix – Zur Definition einer zentralen Einheit der deutschen Wortbildung. In: Deutsche Sprache 28, 144–159.

Donalies, Elke (2001): Zur Entrümpelung vorgeschlagen: Die Wortbildungsarten Rückbildung, Zusammenbildung, Zusammenrückung, Klammerform und Pseudomotivierung. In: Studia Germanica Universitatis Vesprimiensis 5, 129–145.

Donalies, Elke (2004): Grammatik des Deutschen im europäischen Vergleich: Kombinatorische Begriffsbildung, Teil I: Substantivkomposition. Mannheim (= amades 2/04).

Donalies, Elke (2005a): Die Wortbildung des Deutschen. Ein Überblick. Zweite, überarbeitete Auflage. Tübingen (= Studien zur deutschen Sprache 27).

Donalies, Elke (2005b): Grammatik des Deutschen im europäischen Vergleich: Kombinatorische Begriffsbildung, Teil II: Substantivderivation. Mannheim (= amades 2/04).

Donalies, Elke (2006a): *Dem Väterchen sein Megahut*. Der Charme der deutschen Diminution und Augmentation und wie wir ihm gerecht werden. In: Breindl, Eva/Gunkel, Lutz/Strecker, Bruno (Hg.): Grammatische Untersuchungen, Analysen und Reflexionen. Tübingen (= Studien zur deutschen Sprache 36), 33–51.

Donalies, Elke (2006b): Was genau Phraseme sind.... In: Deutsche Sprache 33, 338–354.

Drach, Erich (1940): Grundgedanken der deutschen Satzlehre. Fotomechanischer Nachdruck. Darmstadt.

Dressler, Wolfgang/Merlini Barbaresi, Lavinia (1994): Morphopragmatics. Diminutives and Intensifiers in Italian, German and Other Languages. Berlin/New York.

Ehlich, Konrad (1996): Kindliche Sprachentwicklung – Konzepte und Empirie. Opladen.

Eichinger, Ludwig M. (2000): Deutsche Wortbildung. Eine Einführung. Tübingen (= narr studienbücher).

Eisenberg, Peter (1998): Grundriss der deutschen Grammatik. Band 1: Das Wort. Stuttgart/Weimar.

Eisenberg, Peter (2001): Die grammatische Integration von Fremdwörtern. Was fängt das Deutsche mit seinen Latinismen und Anglizismen an? In: Stickel, Gerhard (Hg.): Neues und Fremdes im deutschen Wortschatz – Aktueller lexikalischer Wandel. Berlin/New York (= Institut für deutsche Sprache, Jahrbuch 2000), 183–209.

Eisenberg, Peter (2002): Struktur und Akzent komplexer Komposita. In: Restle, David/ Zaefferer, Dietmar (Hg.): Sounds and Systems. A Festschrift for Theo Vennemann. Berlin/New York (= Trends in Linguistics, Studies and Monographs 14), 349–365.

Eisenberg, Peter (2004): Grundriss der deutschen Grammatik. Band 1: Das Wort. Zweite überarbeitete und aktualisierte Auflage. Stuttgart/Weimar.

Elsen, Hilke (2002): Neologismen in der Jugendsprache. In: Muttersprache 112, 136–154.

Elsen, Hilke (2003): Wie kommt das Wort in den Kopf? Die Konstituierung von Wortbedeutungen. In: Haberzettl/Wegener (Hg.), 89–103.

Elsen, Hilke (2005a): Deutsche Konfixe. In: Deutsche Sprache 33, 133–139.

Elsen, Hilke (2005b): Das Kunstwort. In: Muttersprache 115, 142–149.

Eschenlohr, Stefanie (1999): Vom Nomen zum Verb: Konversion, Präfigierung und Rückbildung im Deutschen. Hildesheim etc. (= Germanistische Linguistik Monographien 3).

Fabricius-Hansen, Catherine (1993): Nominalphrasen mit Kompositum als Kern. In: PBB (Tübingen) 115, 193–243.

Fandrych, Christian (1993): Wortart, Wortbildungsart und kommunikative Funktion. Am Beispiel der adjektivischen Privativ- und Possessivbildungen im heutigen Deutsch. Tübingen (= RGL 137).

Fandrych, Christian/Thurmair, Maria (1994): Ein Interpretationsmodell für Nominalkomposita: Linguistische und didaktische Überlegungen. In: Deutsch als Fremdsprache 31, 34–45.

Feine, Angelika (1993): Zur Bedeutungserschließung von Nominalkomposita (NK). In: Bartels, Gerhard/Pohl, Inge (Hg.): Wortschatz, Satz, Text. Beiträge der Konferenzen in Greifswald und Neubrandenburg 1992. Frankfurt (= Sprache – System und Tätigkeit 10), 107–115.

Feine, Angelika (2003): *Faßballitis, Handyritis, Chameleonitis*: -*itis*-Kombinationen in der deutschen Gegenwartssprache. In: Sprachwissenschaft 28, 437–466.

Fix, Ulla (2000): Urteile über Wörter. Kriterien für die Bewertung von Wortbildungsprodukten in Stilistiken und Stillehren. In: Barz/Schröder/Fix (Hg.), 167–186.

Fehlisch, Ulrike (1998): Zur Einordnung denominaler *ein*-Verben im deutschen Verbsystem. In: Olsen, Susan (Hg.): Semantische und konzeptuelle Aspekte der Partikelverbbildung mit *ein*-. Tübingen (= Studien zur deutschen Grammatik 58), 149–247.

Fleischer, Wolfgang (1969): Wortbildung der deutschen Gegenwartssprache. Leipzig.

Fleischer, Wolfgang (1995): Konfixe. In: Pohl, Inge/Ehrhardt, Horst (Hg.): Wort und Wortschatz. Beiträge zur Lexikologie. Tübingen, 61–68.

Fleischer, Wolfgang (1996): Grundsatzfragen der Wortbildung aus germanistischer Sicht. In: Šimečková/Vachková (Hg.), 42–60.

Fleischer, Wolfgang (1997): Zum Status des Fremdelements -*ier* in der Wortbildung der deutschen Gegenwartssprache. In: Keßler, Christine/Sommerfeldt, Karl-Ernst (Hg.): Sprachsystem – Text – Stil. Festschrift für Georg Michel und Günter Starke zum 70. Geburtstag. Frankfurt, 75–87.

Fleischer, Wolfgang/Barz, Irmhild unter Mitarbeit von Marianne Schröder (1995): Wortbildung der deutschen Gegenwartssprache. 2., durchgesehene und ergänzte Auflage. Tübingen.

Frege, Gottlob (1986): Funktion, Begriff, Bedeutung. Fünf logische Studien. Herausgegeben und eingeleitet von Günther Patzig. 6. Auflage. Göttingen (= Kleine Vandenhoeck-Reihe).

Fuhrhop, Nanna (1998): Grenzfälle morphologischer Einheiten. Tübingen (= Studien zur deutschen Grammatik 57).

Fuhrhop, Nanna (2000): Zeigen Fugenelemente die Morphologisierung von Komposita an? In: Thieroff/Tamrat/Fuhrhop/Teuber (Hg.), 201–213.

Gallmann, Peter (1999): Fugenmorpheme als Nicht-Kasus-Suffixe. In: Butt, Matthias/ Fuhrhop, Nanna (Hg.): Variation und Stabilität in der Wortstruktur. Untersuchungen zu Entwicklung, Erwerb und Varietäten des Deutschen und anderer Sprachen. Hildesheim etc., 177–190.

Glück, Helmut (2000) (Hg.): Metzler Lexikon Sprache. Zweite überarbeitete und erweiterte Auflage. Stuttgart/Weimar.

Golonka, Joanna (1998): Was erbt *Überlegung* von *Überlegen*? In: Bresson/Kubczak (Hg.), 287–300.

Greule, Albrecht (1996): Reduktion als Wortbildungsprozess der deutschen Sprache. In: Muttersprache 106, 193–203.

Grimm, Hans-Jürgen (1997): Konfixe: Beobachtungen in Tageszeitungen und in Wörterbüchern. In: Barz/Schröder (Hg.), 277–286.

Grosse, Rudolf/Lerchner, Gotthard/Schröder, Marianne (Hg.) (1992): Beiträge zur Phraseologie – Wortbildung – Lexikologie. Festschrift für Wolfgang Fleischer zum 70. Geburtstag. Frankfurt etc.

Güthert, Kerstin (2006): Zur Neuregelung der deutschen Rechtschreibung ab 1. August 2006. Sprachreport Extra-Ausgabe.

Guttropf, Anja/Meibauer, Jörg (2003): Konzeptuelle Entwicklung und Wortbildungserwerb. Eine empirische Studie zum Person- und Objekt-Konzept. In: Haberzettl/ Wegener (Hg.), 139–159.

Haase, Martin (1989): Komposition und Derivation: Ein Kontinuum der Grammatikalisierung. Köln (= Arbeitspapier 10 NF).

Haberzettl, Stefanie/Wegener, Heide (Hg.) (2003): Spracherwerb und Konzeptualisierung. Frankfurt etc.

Handler, Peter (1993): Wortbildung und Literatur. Panorama einer Stilistik des komplexen Wortes. Frankfurt etc. (= Europäische Hochschulschriften Reihe XXI: Linguistik 126).

Hansen, Sabine/Hartmann, Peter (1991): Zur Abgrenzung von Komposition und Derivation. Trier (= FOKUS 4).

Harden, Theo (2003): Die Tanzerei und das Gesinge. Einige Verdachtsmomente zur Ableitung pejorativer Nomina im Deutschen. In: Linguistik online 13/1, o.S.

Hars, Wolfgang (1999): Lexikon der Werbesprüche. 500 bekannte deutsche Werbeslogans und ihre Geschichte. Frankfurt.

Haspelmath, Martin/König, Ekkehard/Oesterreicher, Wulf/Raible, Wolfgang (Hg.) (2001): Language Typology and Language Universals/Sprachtypologie und sprachliche Universalien/La typologie des languages et les universaux linguistiques. An International Handbook/Ein internationales Handbuch/Manual international. Berlin/New York (= Handbücher zur Sprach- und Kommunikationswissenschaft 20.1).

Hentschel, Elke/Weydt, Harald (2003): Handbuch der deutschen Grammatik. 3., völlig neu bearbeitete Auflage. Berlin/New York (= de Gruyter Studienbuch).

Heringer, Hans Jürgen (1984): Wortbildung: Sinn aus dem Chaos. In: Deutsche Sprache 12, 1–13.

Heringer, Hans Jürgen (1989): Grammatik und Stil – Praktische Grammatik des Deutschen. Frankfurt.

Heringer, Hans Jürgen (1999): Das höchste der Gefühle – Empirische Studien zur distributiven Semantik. Tübingen.

Heringer, Hans Jürgen (2004): Interkulturelle Kommunikation – Grundlagen und Konzepte. Tübingen/Basel (= UTB 2550).

Heuer, Walter (1986): Richtiges Deutsch. Eine Sprachschule für jedermann. Neu bearbeitet von Max Flückiger und Peter Gallmann. 18. Auflage. Zürich.

Höhle, Tilman N. (1982): Über Komposition und Derivation: Zur Konstituentenstruktur von Wortbildungsprodukten im Deutschen. In: Zeitschrift für Sprachwissenschaft 1, 76–112.

Hoppe, Gabriele/Kirkness, Alan/Link, Elisabeth/Nortmeyer, Isolde/Rettig, Wolfgang/Schmidt, Günter Dietrich (1987): Deutsche Lehnwortbildung. Beiträge zur Erforschung der Wortbildung mit entlehnten WB-Einheiten im Deutschen. Tübingen (= Forschungsberichte des Instituts für Deutsche Sprache Mannheim 64).

Irmscher, Johannes (1988): Der Rabe – die Rabin? In: Zur Theorie der Wortbildung im Deutschen. Dem Wirken Wolfgang Fleischers gewidmet. Berlin (= Sitzungsberichte der Akademie der Wissenschaften der DDR – Gesellschaftswissenschaften 4G), 53–55.

Keller, Rudi (1995): Zeichenbegriff und Metapher. In: Harras, Gisela (Hg.): Die Ordnung der Wörter – Kognitive und lexikalische Strukturen. Berlin/New York (= Jahrbuch des Instituts für deutsche Sprache), 179–192.

Keßler, Christine (1997): *Länderkugel* oder die *Schwelle* im Brot. Nominationsstrategien bei Schulanfängern. In: Barz/Schröder (Hg.), 459–468.

Kinne, Michael (2000): Die Präfixe *post-*, *prä-* und *neo-*. Beiträge zur Lehn-Wortbildung. Tübingen (= Studien zur deutschen Sprache 18).

Kirkness, Alan (1987): Einführung, Zielsetzung, Genese und Materialbasis des Vorhabens Lehnwortbildung (LWB). In: Hoppe/Kirkness/Link/Nortmeyer/Rettig/Schmidt, 9–24.

Klosa, Annette (1996): Negierende Lehnpräfixe des Gegenwartsdeutschen. Heidelberg (= Germanische Bibliothek, Neue Folge 3: Untersuchungen 22).

Knobloch, Johann (1997): Über Possessivkomposita im Deutschen. In: Barz/Schröder (Hg.), 249–264.

Kobler-Trill, Dorothea (1994): Das Kurzwort im Deutschen. Eine Untersuchung zu Definition, Typologie und Entwicklung. Tübingen (= RGL 149).

Koskensalo, Annikki (1999): Die von deutschen Basiswörtern abgeleiteten Verben mit dem Suffix *-ieren* – Eine verschwindende, weil schwach produktive Verbgruppe. Bemerkungen zur Karriere der deutschen *-ieren*-Verben im Wandel der Sprache und Zeit. In: Wagener, Peter (Hg.): Sprachformen. Deutsch und Niederdeutsch in europäischen Bezügen. Festschrift für Dieter Stellmacher zum 60. Geburtstag. Stuttgart (= Zeitschrift für Dialektologie und Linguistik 105), 215–228.

Kreidler, Charles W. (2000): Clipping and acronymy. In: Booij/Lehmann/Mugdan (Hg.), 956–963.

Kuckenburg, Martin (2004): Wer sprach das erste Wort. Die Entstehung von Sprache und Schrift. Stuttgart.

Laca, Brenda (2001): Derivation. In: Haspelmath/König/Oesterreicher/Raible (Hg.), 1214–1227.

Laube, Annett (1995): Effiziente Zerlegung deutscher Komposita. Heidelberg (= Working Papers of the Institute for Logic and Linguistic 14).

Lawrenz, Birgit (1997): Zu-Spät-Kommer und Dumme-Fragen-Steller im Mann-Von-Welt-Look: Phrasenkomposition und Phrasenderivation im Deutschunterricht. In: Wirkendes Wort 47, 112–136.

Leden, A. (1975): Die Adverbien *aus, heraus, hinaus, ein, herein, hinein* als Präverben zu *gehen* und *kommen*. Oslo.

Lenz, Barbara (1995): *un*-Affigierung – unrealisierbare Argumente – unausweichliche Fragen – nicht unplausible Antworten. Tübingen (= Studien zur deutschen Grammatik 50).

Lenz, Barbara (1998): „Unkaputtbar" ist unkaputtbar. Zur Etablierung einer adhoc-Bildung. In: Sprachdienst 42, 10–12.

Leser, Martin (1990): Das Problem der ‚Zusammenbildungen'. Eine Lexikalistische Studie. Trier (= FOKUS 3).

Lindner, Thomas (1998): Zur Geschichte und Funktion von Fugenelementen in Nominalkomposita am Beispiel des Deutschen. In: Moderne Sprachen 42, 1–10.

Lüdeling, Anke (1999): On Particle Verbs and Similiar Constructions in German. Stuttgart (= Arbeitspapiere des Sonderforschungsbereichs 340: Sprachtheoretische Grundlagen für die Computerlinguistik 133).

Lühr, Rosemarie (1993): Syntaktische Restriktionen bei Abstrakta – Gestern und heute. In: Zeitschrift für deutsche Philologie 112, 83–104.

Luukkainen, Matti (1998): Wortbildung und Grammatik im literarischen Text. In: Barz/Öhlschläger (Hg.), 179–196.

Mattausch, Josef (1997): Freie Wortbildung(en) bei Goethe. In: Barz/Schröder (Hg.), 43–52.

Meibauer, Jörg (1995): Wortbildung und Kognition. Überlegungen zum deutschen *-er*-Suffix. In: Deutsche Sprache 23, 97–123.

Meibauer, Jörg (2001): Sprachwandel und Spracherwerb – Eine Skizze am Fall der Wortbildung. In: Bentzinger, Rudolf/Nübling, Damaris/Steffens, Rudolf (Hg.): Sprachgeschichte, Dialektologie, Onomastik, Volkskunde: Beiträge zum Kolloqium am 3./4. Dezember 1999 an der Johannes-Gutenberg-Universität Mainz. Wolfgang Kleiber zum 70. Geburtstag. Stuttgart, 147–159.

Meibauer, Jörg (2003): Phrasenkomposita zwischen Wortsyntax und Lexikon. In: Zeitschrift für Sprachwissenschaft 22, 153–188.

Meibauer, Jörg/Guttropf, Anja/Scherer, Carmen (2004): Dynamic aspects of German *er*-nominals: a probe into the interrelation of language change and language acquisition. In: Linguistics 42, 155–193.

Meineke, Eckhard (1991): Springlebendige Tradition. Kern und Grenzen des Kompositums. Sprachwissenschaft 16, 27–88.

Michel, Sascha (2006a): Vom Terminator zum TORminator. Die Wortbildungseinheit *-minator*: Strukturelle und pragmatische Analysen [in Vorbereitung].

Michel, Sascha (2006b): Kurzwortgebrauch – Plädoyer für eine pragmatische Definition und Prototypologie von Kurzwörtern. In: Germanistische Mitteilungen 64, 69–83.

Müller, Peter O. (2000): Deutsche Fremdwortbildung. Probleme der Analyse und der Kategorisierung. In: Habermann, Mechthild/Müller, Peter O./Naumann, Bernd (Hg.): Wortschatz und Orthographie in Geschichte und Gegenwart. Festschrift für Horst Haider Munske zum 65. Geburtstag. Tübingen, 115–134.

Munske, Horst Haider/Kirkness, Alan (Hg.) (1996): Eurolatein: Das griechische und lateinische Erbe in den europäischen Sprachen. Tübingen (= Germanistische Linguistik 169).

Naumann, Bernd (2000): Einführung in die Wortbildungslehre des Deutschen. 3., neubearbeitete Auflage. Tübingen (= Germanistische Arbeitshefte 4).

Naumann, Bernd/Vogel, Petra M. (2000): Derivation. In: Booij/Lehmann/Mugdan (Hg.), 929–943.

Neef, Martin (1996): Wortdesign: Das Lexembildungsmuster *Gehopse* und die Kopflosigkeit von ,Ableitungen'. In: Zeitschrift für Sprachwissenschaft 15, 61–91.

Nortmeyer, Isolde (2000): Die Präfixe *inter-* und *trans-*. Beiträge zur Lehn-Wortbildung. Tübingen (= Studien zur deutschen Sprache 19).

Oberle, Birgitta E. (1990): Das System der Ableitungen auf *-heit, -keit* und *-igkeit* in der deutschen Gegenwartssprache. Heidelberg (= Germanische Bibliothek, Neue Folge, Reihe: Untersuchungen).

Olschansky, Heike (1996): Volksetymologie. Tübingen (= RGL 175).

Olschansky, Heike (2004): Täuschende Wörter. Kleines Lexikon der Volksetymologien. Stuttgart.

Olsen, Susan (1986): Wortbildung im Deutschen. Eine Einführung in die Theorie der Wortstruktur. Stuttgart (= Kröners Studienbibliothek 660).

Olsen, Susan (1991): *GE*-Präfigierungen im heutigen Deutsch. Ausnahmen von der ‚Righthand Head Rule'? In: PBB (Tübingen) 113, 333–366.

Olsen, Susan (1998): Semantische und konzeptuelle Aspekte der Partikelverbbildung mit *ein-*. In: Olsen, Susan (Hg.): Semantische und konzeptuelle Aspekte der Partikelverbbildung mit *ein-*. Tübingen (= Studien zur deutschen Grammatik 58), 9–26.

Olsen, Susan (2000): Composition. In: Booij/Lehmann/Mugdan (Hg.), 897–916.

Osman, Nabil (1971): Kleines Lexikon untergegangener Wörter – Wortuntergang seit dem Ende des 18. Jahrhunderts. München.

Paul, Hermann (1975): Prinzipien der Sprachgeschichte. 9., unveränderte Auflage; Studienausgabe. Tübingen.

Pavlov, Vladimir M. (1972): Die substantivische Zusammensetzung im Deutschen als syntaktisches Problem. München.

Pavlov, Vladimir M. (2004): Zur Entwicklung der substantivischen Zusammensetzung im Frühneuhochdeutschen. In: Mattheier, Klaus J./Nitta, Haruo (Hg.): Sprachwandel und Gesellschaftswandel – Wurzeln des heutigen Deutsch. Studien des deutsch-japanischen Arbeitskreises für Frühneuhochdeutschforschung. München, 99–119.

Pfeiffer, Herbert (1996): Das große Schimpfwörterbuch. Über 10.000 Schimpf, Spott und Neckwörter zur Bezeichnung von Personen. München.

Plank, Frans (1981): Morphologische (Ir-)Regularitäten. Aspekte der Wortstrukturtheorie. Tübingen (= Studien zur deutschen Grammatik 13).

Poethe, Hannelore (2000a): Wort(bildungs)spiele. In: Barz, Irmhild/Fix, Ulla/Lerchner, Gotthard (Hg.): Das Wort in Text und Wörterbuch. Leipzig (= Abhandlungen der Sächsischen Akademie der Wissenschaften zu Leipzig, Philologisch-historische Klasse 76,4), 23–40.

Poethe, Hannelore (2000b): Wortbildung und Orthografie. In: Muttersprache 110, 37–51.

Pons, Andrea (1998): Erstellung eines Modells zur Analyse abstrakter nominaler Komposita im Deutschen. In: Bresson/Kubczak (Hg.), 227–252.

Rainer, Franz (2000): Produktivitätsbeschränkungen. In: Booij/Lehmann/Mugdan (Hg.), 877–885.

Reinhardt, Werner (1966): Produktive verbale Wortbildungstypen in der Fachsprache der Technik. In: Wissenschaftliche Zeitschrift der Pädagogischen Hochschule Potsdam – Gesellschafts- und sprachwissenschaftliche Reihe 10, 183–195.

Renz, Ursula (1996): Von Liege, Leuchte und Lerne: Was man mit Wörtern alles machen kann und dann doch nicht tut. In: Praxis Deutsch 23, 57–59.

Rickheit, Mechthild (1993): Wortbildung. Grundlagen einer kognitiven Wortsemantik. Opladen (= Psycholinguistische Studien).

Risch, Gabriela (1995): Verbpräfigierung des Deutschen: Skalierungsverben mit *über-* und *unter-*. Diss. Stuttgart.

Römer, Christine (2006): Morphologie der deutschen Sprache. Tübingen/Basel (= UTB 2811).

Schmidt, Günter Dietrich (1987a): Vorschlag einer Modellierung der Kombinationen mit entlehnten Konstituenten. In: Hoppe/Kirkness/Link/Nortmeyer/Rettig/Schmidt, 25–36.

Schmidt, Günter Dietrich (1987b): Das Affixoid. Zur Notwendigkeit und Brauchbarkeit eines beliebten Zwischenbegriffes der Wortbildung. In: Hoppe/Kirkness/Link/Nortmeyer/Rettig/Schmidt, 53–101.

Schmidt, Rosemarie (1996): Die „Entübelung" von Wortstrukturproblemen. Zum Head-Status von Präfixen im Deutschen und Schwedischen. In: Muttersprache 106, 86–91.

Schpak-Dolt, Nikolaus (1992): Einführung in die französische Morphologie. Tübingen (= Romanistische Arbeitshefte 36).

Schröder, Marianne (2000): Kurzwörter im Wörterbuch. Lexikographische Aspekte der Kurzwortbildung. In: Barz/Schröder/Fix (Hg.), 91–105.

Schumacher, René (1997): Metapher – Erfassen und Verstehen frischer Metaphern. Tübingen/Basel (= Basler Studien zur deutschen Sprache und Literatur 75).

Schütze, Ruth (1969): „Außenrund-Schnelleinstechschleifen". Bemerkungen zu einem Wortbildungstyp in der Fachsprache der Technik. In: Deutsch als Fremdsprache 6, 412–426.

Seibicke, Wilfried (1992): Schwiegerfreund oder Wahlsohn? Ein Beitrag zur Neuwortbildung und Sprachplanung. In: Grosse/Lerchner/Schröder (Hg.), 141–143.

Siebold, Oliver (2000): Wort – Genre – Text. Wortneubildungen in der Science Fiction. Tübingen.

Šimečková, Alena (1996): Zur Modifikationsfunktion des Präverbs im deutschen komplexen Verb (am Material der NACH und VOR-Verben). In: Šimečková/Vachková (Hg.), 147–154.

Šimečková, Alena (2000): Akzeptanzbedingungen für fremde Wortbildungselemente und -strukturen in den Sprachen. Am Material des Deutschen und des Tschechischen. In: Barz/Schröder/Fix (Hg.), 269–280.

Šimečková, Alena/Vachková, Marie (Hg.) (1996): Wortbildung – Theorie und Anwendung. Prag.

Singh, Simon (2005): Big Bang – Der Ursprung des Kosmos und die Erfindung der modernen Naturwissenschaft. Aus dem Englischen von Klaus Fritz. Frankfurt.

Starke, Günter (1994): Konfix, Infix, Interfix, Zirkumfix und einige andere Neuerungen der Wortbildungslehre. In: Deutschunterricht 47, 39–42.

Stein, Stephan (1999): Majuskeln im WortInnern. Ein neuer graphostilistischer Trend für die Schreibung von Komposita in der Werbesprache. In: Muttersprache 109, 261–278.

Steinhauer, Anja (2000): Sprachökonomie durch Kurzwörter. Bildung und Verwendung in der Fachkommunikation. Tübingen (= Forum für Fachsprachen-Forschung 56).

Stern, Clara und William (1965): Die Kindersprache. Eine psychologische und sprachtheoretische Untersuchung. Unveränderter reprografischer Nachdruck. Darmstadt.

Stickel, Gerhard (1998): Der Sprachfeminismus geht in die falsche Richtung. In: Brunner, Margot/Frank-Cyrus, Karin M. (Hg.): Die Frau in der Sprache. Gespräche zum geschlechtergerechten Sprachgebrauch. Wiesbaden, 73–80.

Stickel, Gerhard (Hg.) (2001): Neues und Fremdes im deutschen Wortschatz – Aktueller lexikalischer Wandel. Berlin/New York (= Institut für deutsche Sprache, Jahrbuch 2000).

Stiebels, Barbara (2000): Typologie des Argumentlinkings. Ökonomie und Expressivität. Berlin (= Studia Grammatica 54).

Stiebels, Barbara/Wunderlich, Dieter (1994): Morphology feeds syntax: the case of particle verbs. In: Linguistics 32, 913–968.

Stricker, Stefanie (2000): Substantivbildung durch Suffixableitung um 1800. Untersucht an Personenbezeichnungen in der Sprache Goethes. Heidelberg (= Germanistische Bibliothek 6).

Symann, Beate (1995): Stiefkind Grammatik. Untersuchungen zur kindlichen Wortbildung. Essen.

Szigeti, Imre (2002): Nominalisierungen und Argumentvererbung im Deutschen und Ungarischen. Tübingen (= Linguistische Arbeiten 449).

Thieroff, Rolf/Tamrat, Matthias/Fuhrhop, Nanna/Teuber, Oliver (Hg.) (2000): Deutsche Grammatik in Theorie und Praxis. Tübingen.

Thurmair, Maria (1996): Verbwortbildung und Verbklammer im Deutschen. In: Šimečková/Vachková (Hg.), 163–173.

Thurmair, Maria (2000): Vergleich in der Wortbildung. In: Barz/Schröder/Fix (Hg.), 219–238.

Trageser, Hannelore (1996): Bandwurmanalysebeispiele und Nominalkompositaherstellungsanleitungen. In: Praxis Deutsch 23, 51–56.

Trempelmann, Gisela (1990): Die kleinste Menschin der Welt. Poetische Bildungen auf -*in*. In: Sprachpflege 39, 36–39.

Vogel, Petra Maria (1996): Wortarten und Wortartenwechsel. Zur Konversion und verwandten Erscheinungen im Deutschen und in anderen Sprachen. Berlin/New York (= Studia Linguistica Germanica 39).

de Waal, Frans (2002): Der Affe und der Sushimeister. Das kulturelle Leben der Tiere. Aus dem Englischen von Udo Rennert. München/Wien.

Weinrich, Harald (1993): Textgrammatik der deutschen Sprache. Mannheim.

Welke, Klaus (1995a): Komposition und Derivation. Kompositionstheorie der Affigierung oder Derivationstheorie der Komposition. In: Deutsche Sprache 23, 73–89.

Welke, Klaus (1995b): Wortbildung und Valenz. In: Ginkgobaum 13, 228–236.

Wengeler, Martin (2000): *Zwinglisch, Marxismus, genschern*. Deonomastika aus Personennamen im Deutschen. In: Muttersprache 110, 289–307.

Wiese, Richard (1990): Über die Interaktion von Morphologie und Phonologie – Reduplikation im Deutschen. In: Zeitschrift für Phonetik, Sprachwissenschaft und Kommunikationsforschung 5, 603–624.

Wilss, Wolfram (1993): Zu Mehrwortbenennungen des Typs $(N_1+N_2)+N_3$ (*Mutter/Kind-Beziehung*). Grammatische, semantische, pragmatische und textsortenspezifische Beobachtungen. In: Deutschunterricht 45, 22–30.

Wilss, Wolfram (1999): *inter-*. Zur Wortbildung in der deutschen Gegenwartssprache. In: Muttersprache 109, 124–135.

Wimmer, Rainer/Berens, Franz-Josef (Hg.) (1997): Wortbildung und Phraseologie. Tübingen (= Studien zur deutschen Sprache 9).

Windisch, Rudolf (1993): Die Wortverschmelzung – ein „abscheußliches Monstrum" der französischen und deutschen Wortbildung. In: Romanistisches Jahrbuch 42, 34–51.

Wolf, Norbert Richard (1997): Diminutive im Kontext. In: Barz/Schröder (Hg.), 387–398.

Würstle, Regine (1992): Überangebot und Defizit in der Wortbildung. Eine kontrastive Studie zur Diminutivbildung im Deutschen, Französischen und Englischen. Frankfurt (= Bonner romanische Arbeiten 42).

Wurzel, Wolfgang Ullrich (1988): Derivation, Flexion und Blockierung. In: Zeitschrift für Phonetik, Sprachwissenschaft und Kommunikationsforschung 41, 179–198.

Wurzel, Wolfgang Ullrich (2000): Was ist ein Wort? In: Thieroff/Tamrat/Fuhrhop/Teuber (Hg.), 29–42.

Wurzel, Wolfgang Ullrich (2002): Morphologische Eigenschaften von Wörtern. In: Cruse/Hundsnurscher/Job/Lutzeier (Hg.), 200–210.

Zifonun, Gisela (1973): Zur Theorie der Wortbildung am Beispiel deutscher Präfixverben. München (= Linguistische Reihe 13).

Zifonun, Gisela/Vogt, Michael/Eisenberg, Peter (1999): Kritikversuch an einem Sprachkritiker. Drei Kritiken zu einem Beitrag von A. Burkhardt in Sprachreport 2/1999. In: Sprachreport 15/4, 10–14.

8_ Sachregister)

9_ Affixregister)

	Substantiv-basis	Adjektiv-basis	Verbbasis	Konfixbasis	sonstige Basis
a-	Amoral	ahistorisch			
-abel	profitabel		spendabel	diskutabel	
-ade	Robinsonade			Marinade	
-age	Spionage			Montage	
-aille				Journaille	
-al	Personal			Signal	
-al	horizontal			global	
-alie	Archivalie		Fressalie	Mineralie	
an-	Analphabet	anorganisch			
-and	Doktorand			Konfirmand	
-ant	Asylant		Bummelant	Intrigant	
-ant				intrigant	
-anz				Intriganz	
-ar	Bibliothekar			Kommentar	
-är	Funktionär			Sekretär	
-ast				Phantast	
-at	Rektorat			Stipendiat	
-ation				Integration	
-bar	fruchtbar	offenbar	verrückbar		
be-	befreunden	befreien	besuchen		
be-...-ig	beaufsichtigen	begradigen			
-chen	Kindchen	Sensibelchen			

	Substantiv-basis	Adjektiv-basis	Verbbasis	Konfixbasis	sonstige Basis
de-	Demission	dezentral	demaskieren		
des-	Desinteresse	desorientiert	desorganisieren		
dis-	Disharmonie	disharmonisch	disorientieren	dissoziieren	
-e		Süße	Leuchte	Geologe	in Bälde
-ei	Gärtnerei		Blödelei		
-el	Bändel				
-el	frösteln	fremdeln	lächeln		
-elei	Diebelei		Liebelei		
-ell	sensationell			individuell	
-en	golden				
-ens			vergebens		
-ent	entgräten	entblöden	entladen		
-ent				intelligent	
-enz				Intelligenz	
-er	erkunden	erbittern	erdenken		
-er	Fleischer		Lehrer		
-erei	Käserei		Spotterei		
-erich	Enterich	Dummerich	Flatterich		
-erie	Szenerie			Hysterie	
-ern	gläsern				
erz-	Erzrivale	erzböse			
-esk	clownesk				
-ess	Stewardess				
-esse		Akuratesse			
-eur	Pamphleteur	Bankrotteur		Friseur	
-euse	Balletteuse	Bankrotteuse		Friseuse	
ge-...-e	Gerede				

	Substantiv-basis	Adjektiv-basis	Verbbasis	Konfixbasis	sonstige Basis
ge-...-ig			gefügig		
-haft	pinguinhaft	krankhaft	schwatzhaft		
-heit	Menschheit	Zartheit			
-i	Hirni	Dummi	Brummi	Prolli	
-iade	Schubertiade				
-ian		Blödian	Schlendrian		
-ibel				disponibel	
-ice				Direktrice	
-icht	Röhricht	Dickicht	Kehricht		
-ie	Aristokratie	Anomalie		Ironie	
-ier	Kanonier	Privatier			
-ier	gastieren	halbieren		diskutieren	
-ifizier	personifizieren	diversifizieren		identifizieren	
-ig	eisig	völlig	wendig		sofortig
-ig	ängstigen	reinigen			
-igkeit		Frömmigkeit			
-ik	Methodik			Thermik	
in-		indiskutabel			
-in	Mörderin				
-ine	Dackeline	Blondine			
-inski		radikalinski			
-ing			Stretching		
inter-	Intertext	intersprachlich			
-ion	Institution	Abstraktion		Kreation	
-isch	launisch	genialisch	misstrauisch	elektrisch	
-isier	rivalisieren	privatisieren		sympathisieren	
-ismus	Terrorismus	Rationalismus	Abspaltismus	Chauvinismus	

	Substantiv-basis	Adjektiv-basis	Verbbasis	Konfixbasis	sonstige Basis
-ist	Saxophonist	Purist			
-it				Kosmopolit	
-ität	Moralität	Rarität		Authentizität	
-itis	Telefonitis	Banalitis		Arthritis	
-iv	effektiv			relativ	
-keit		Lächerlichkeit			
-ko	Koautor	koevultiv	koexistieren		
-lein	Kindlein				
-ler	Postler		Abweichler		
-lich	freundlich	bläulich	bedrohlich		widerlich
-ling	Dichterling	Naivling	Lehrling		
-lings	bäuchlings	blindlings			
-los	treulos		reglos		
-ment				Engagement	
miss-	Missgeburt	missvergnügt	misstrauen		
-ner			Redner		
-nis	Bildnis	Finsternis	Erlaubnis		
-o	Krawallo	Realo		Prolo	
-oid	Planetoid				
-oid	grippoid	technoid		paranoid	
-or				Investor	
-ös	skandalös			religiös	
-ose	Tuberkulose				
para-	Paraästhesie	paramilitärisch			
post-	Postkubismus	postpubertär			
prä-	Präpubertät	präpubertär	prädisponieren		
re-	Reanalyse	reaktiv	reokkupieren		

	Substantiv-basis	Adjektiv-basis	Verbbasis	Konfixbasis	sonstige Basis
-s	Knicks				
-s		bereits			
-sal	Mühsal	Trübsal			
-sam	tugendsam	langsam	folgsam		
-schaft	Lehrerschaft	Bereitschaft	Belegschaft		
-sel			Überbleibsel		
-ski		Besoffski			
-t			Fahrt		
trans-	Transsibirien	transatlantisch			
-tum	Heidentum	Heiligtum	Irrtum		
un-	Untiefe	unschön			
-ung	Stallung	Festung	Bedeutung		
ur-	Urwald	uralt			
-ur	Agentur			Frisur	
ver-	vergolden	versüßen	versuchen		
zer-	zerbeilen	zerkleinern	zerpflücken		

Sprachwissenschaft

Katja Kessel / Sandra Reimann

Basiswissen Deutsche Gegenwartssprache

UTB 2704 M
2005, XII, 276 Seiten, zahlr. Abb.,
€ [D] 14,90/SFR 26,80
ISBN 978-3-8252-2704-3

Das Einführungsbuch beschäftigt sich mit sprachwissenschaftlichen Grundbegriffen. Es wendet sich an Studienanfänger der Germanistik, die die deutsche Gegenwartssprache im wissenschaftlichen Sinne durchschauen und unter analytischen Gesichtspunkten kennen lernen wollen. Gegenstand sind die wichtigsten Teilbereiche und Methoden der neueren deutschen Sprachwissenschaft. Besonders ausführlich werden die komplexen Kapitel Syntax und Wortbildung behandelt, die zum Kanon der meisten sprachwissenschaftlichen Prüfungen gehören.

Didaktisch gut aufbereitete Kapitel leiten die Studienanfänger zu konkreten Analysen an. Jedes Kapitel enthält Übungen mit Lösungen und weiterführende Literatur, sodass die Studierenden auch die Möglichkeit haben, sich den Stoff selbstständig zu erarbeiten und ihre Kenntnisse zu überprüfen. Der Transfer in die Analysepraxis steht stets im Vordergrund.
Das Buch ist als Begleitmaterial für Seminare und zum Selbststudium bestens geeignet, auch für den Studiengang Deutsch als Fremdsprache.

A. Francke